Jean-Marc Ausset

Tome 2: Paraboles de la nature : regards croisés avec la Bible

Jean-Marc Ausset

Tome 2: Paraboles de la nature : regards croisés avec la Bible

Les racines et la vision

Éditions Croix du Salut

Impressum / Mentions légales
Bibliografische Information der Deutschen Nationalbibliothek: Die Deutsche Nationalbibliothek verzeichnet diese Publikation in der Deutschen Nationalbibliografie; detaillierte bibliografische Daten sind im Internet über http://dnb.d-nb.de abrufbar.
Alle in diesem Buch genannten Marken und Produktnamen unterliegen warenzeichen-, marken- oder patentrechtlichem Schutz bzw. sind Warenzeichen oder eingetragene Warenzeichen der jeweiligen Inhaber. Die Wiedergabe von Marken, Produktnamen, Gebrauchsnamen, Handelsnamen, Warenbezeichnungen u.s.w. in diesem Werk berechtigt auch ohne besondere Kennzeichnung nicht zu der Annahme, dass solche Namen im Sinne der Warenzeichen- und Markenschutzgesetzgebung als frei zu betrachten wären und daher von jedermann benutzt werden dürften.

Information bibliographique publiée par la Deutsche Nationalbibliothek: La Deutsche Nationalbibliothek inscrit cette publication à la Deutsche Nationalbibliografie; des données bibliographiques détaillées sont disponibles sur internet à l'adresse http://dnb.d-nb.de.
Toutes marques et noms de produits mentionnés dans ce livre demeurent sous la protection des marques, des marques déposées et des brevets, et sont des marques ou des marques déposées de leurs détenteurs respectifs. L'utilisation des marques, noms de produits, noms communs, noms commerciaux, descriptions de produits, etc, même sans qu'ils soient mentionnés de façon particulière dans ce livre ne signifie en aucune façon que ces noms peuvent être utilisés sans restriction à l'égard de la législation pour la protection des marques et des marques déposées et pourraient donc être utilisés par quiconque.

Coverbild / Photo de couverture: www.ingimage.com

Verlag / Editeur:
Éditions Croix du Salut
ist ein Imprint der / est une marque déposée de
OmniScriptum GmbH & Co. KG
Heinrich-Böcking-Str. 6-8, 66121 Saarbrücken, Deutschland / Allemagne
Email: info@editions-croix.com

Herstellung: siehe letzte Seite /
Impression: voir la dernière page
ISBN: 978-3-8416-9994-7

Copyright / Droit d'auteur © 2015 OmniScriptum GmbH & Co. KG
Alle Rechte vorbehalten. / Tous droits réservés. Saarbrücken 2015

TOME 2

PARABOLES DE LA NATURE

Regards croisés avec la Bible

Les racines   la vision

« Jésus leur parla en paraboles sur beaucoup de choses. »

Evangile de Matthieu ch 13 v 3

PROLOGUE

Les paraboles sont des allégories qui renferment des vérités importantes.
En raison de leur pouvoir évocateur et imagé, elles furent un des moyens privilégiés que Jésus utilisa pour transmettre ses enseignements.
C'est ainsi que parmi les quarante sept paraboles que nous ont transmis les auteurs des Evangiles, Jésus a abordé un certain nombre de thèmes tels que ceux qui concernent le royaume des cieux, la fin des temps, la rédemption, le pardon, la prière et d'autres encore.
C'est cette démarche que nous avons suivie en utilisant les images de l'aigle et de la ruche (tome 1) des racines et de la vision (tome 2).
Ces textes, conçus à l'origine sous forme de prédications, ont donné lieu à une adaptation écrite et, de ce fait, ont conservé le style direct de l'allocution.
La parabole de l'aigle, la plus courte, nous conduit à la découverte de Dieu au travers de la personne du Père.
La parabole de la ruche présente plusieurs leçons sur la vie communautaire au sein de l'église locale.
Celle des racines comporte une série de messages orientés vers les fondements de la vie chrétienne.
Enfin, la série de méditations sur la vision, met en évidence les défauts de la vision spirituelle et les moyens d'y remédier.

Que la lecture de ces modestes lignes vous apporte, cher lecteur, autant de joie et de réconfort que nous en eûmes à les rédiger !

Un dernier mot :
« A Dieu seul soient gloire, honneur et louanges au siècle des siècles. Amen !

PARABOLE DES RACINES

Enracinés et fondés en Christ

Heureux l'homme qui se confie en l'Eternel et dont l'Eternel est l'espérance. Il est comme un arbre planté près des eaux et qui étend ses racines vers le courant. Il n'aperçoit point la chaleur quand elle vient, et son feuillage reste vert ; dans l'année de la sécheresse, il n'a point de crainte, et il ne cesse de porter du fruit.

Jérémie ch 17 v 7-8

PARABOLE DES RACINES

Notes préliminaires :

Alors que nous sommes au début du XXI° siècle, force nous est de constater que les valeurs dites « judéo-chrétiennes » ne sont plus les fondements de nos sociétés dites « civilisées ». Le principe de laïcité s'est érigé en doctrine outrepassant les limites de son objet pour justifier l'émergence d'un humanisme athée dont la confession de foi repose sur l'opportunisme, le relativisme, l'utilitarisme et l'hédonisme.
Dès lors, aucune opinion ni aucune pratique ne peut être sujette à évaluation ou à critique en raison même du postulat selon lequel il n'existe pas de vérité vraie, universelle qui pourrait s'imposer à tous comme normative.

Ce libéralisme de la pensée porte en soi le germe de l'hypocrisie si l'on observe que ce principe tend à s'imposer à tous via les multiples médias qui s'en font les propagateurs et les chantres. Il s'agit là d'une véritable dictature de l'esprit qui se cache derrière une pseudo tolérance.

Cette normalisation d'une nouvelle rationalité qui se prétend moderne et progressiste imprègne insidieusement l'esprit de nos contemporains dont les barrières morales tombent peu à peu sous les arguments fallacieux de la liberté, du pragmatisme et de l'hédonisme, notions renforcées par l'ascension d'un individualisme forcené.

Cet esprit du siècle que la Bible nomme esprit du monde n'est pas sans effets sur les nouvelles générations de chrétiens qui sont pétries

des idées délétères véhiculées par leur environnement social et culturel.
Il suffit pour s'en convaincre d'observer le laxisme éducatif qui règne dans certains jeunes foyers chrétiens qui rejettent toute idée d'imposer quoi que ce soit à leur progéniture, ou de noter la pratique d'une « innocente » cohabitation avant le mariage, sans parler de la propension à remettre en cause les conseils des conducteurs spirituels.

Il ressort de ce triste constat qu'il importe de revenir aux racines de la foi chrétienne dont la Bible, Parole de Dieu, ne saurait être pour le chrétien que la seule pierre de touche valable.

Telle est la raison de ces quelques pages qui, pour ce faire, utiliseront le monde végétal comme cadre de réflexions appuyées sur les textes bibliques.
Il s'agit d'une adaptation écrite d'une série de prédications.

Chapitre I : les racines de la foi et de l'espérance :

Textes bibliques :

Jérémie 17 v 7 à 8 :

« Béni soit l'homme qui se confie en l'Eternel et dont l'Eternel est l'espérance. Il est comme un arbre planté près des eaux et qui étend ses racines vers le courant ; il n'aperçoit point la chaleur et son feuillage reste vert ; dans l'année de la sécheresse, il n'a point de crainte, et il ne cesse de porter du fruit. »

Psaumes I v 2, 3 :

« Heureux l'homme…qui trouve son plaisir dans la loi de l'Eternel et qui la médite jour et nuit. Il est comme un arbre planté près d'un courant d'eau, qui donne son fruit en sa saison et dont le feuillage ne flétrit point ; tout ce qu'il fait lui réussit. »

Job 14 v 7 :

« Un arbre a de l'espérance ; quand on le coupe, il repousse, il produit encore des rejetons ; quand sa racine a vieilli dans la terre, quand son tronc meurt dans la poussière, il reverdit à l'approche de l'eau, il pousse des branches comme un jeune plan. »

Matthieu 13 v 4 :

« Une partie de la semence tomba dans des endroits pierreux où elle n'avait pas beaucoup de terre ; elle leva aussitôt, parce qu'elle ne trouva pas un sol profond mais quand le soleil parut, elle fut brûlée et sécha faute de racines. »…v 21 : « Celui qui a reçu la semence dans les endroits pierreux, c'est celui qui entend la parole et la reçoit avec joie, mais, il n'a pas de racines en lui-même ; il manque de persistance et, dès que survient la tribulation ou une persécution à cause de la parole, il y trouve une occasion de chute. »

Colossiens 2 v 6, 7 :

« Ainsi donc, comme vous avez reçu le Seigneur Jésus-Christ, marchez en Lui, étant enracinés et fondés en Lui, et affermis par la foi, d'après les instructions qui vous ont été données et abondez en actions de grâce. »

Ephésiens 3 v 17 :

« Je fléchis les genoux…afin qu'étant enracinés et fondés dans l'amour, vous puissiez comprendre qu'elle est la largeur, la profondeur et la hauteur et connaître l'amour de Dieu. »

Matthieu 7 v 24 :

« Quiconque entend ces paroles que je dis et les met en pratique sera semblable à un homme prudent qui a bâti sa maison sur le roc. La pluie est tombée, les torrents sont venus, les vents ont soufflé et se sont jetés sur la maison ; elle n'est point tombée parce qu'elle était fondée sur le roc. »

1) Introduction :

La lecture de ces huit textes de l'Ecriture Sainte nous plonge directement au cœur de notre sujet, à savoir : les racines.
Ces textes choisis à dessein n'ont pas manqué de vous interpeller sur l'importance de leur objet :
- être enraciné et fondé en Christ
- être enraciné et fondé dans l'amour
- être enraciné et fondé sur le roc de la Parole.

C'est à l'occasion de deux évènements récents que j'ai été conduit à me pencher sur ce sujet et à vous livrer le cheminement de ma pensée.

Le premier concerne le douloureux problème auquel sont dramatiquement confrontés les pays riches, problème qui porte le nom « d'immigration ».

Dramatique pour les pays accueillants qui se trouvent confrontés à des conflits de devoirs mais, ô combien plus dramatique, pour les pauvres émigrés qui doivent quitter leur pays, leur patrie, la terre de leurs pères,, sous la contrainte d'impératifs politiques ou le plus souvent économiques.
Mais, quelle que soit la légitimité des motifs de leur émigration, une chose est certaine, c'est que ces défavorisés de la vie, dès l'instant où ils ont franchi les frontières de leur pays, deviennent des « déracinés ».
Déracinés, coupés de leurs racines, de leur terre natale, de leurs affections, des odeurs de leur terroir et de tant d'autres choses encore ! Pour vivre ou pour survivre, ils devront pousser de nouvelles racines dans un sol étranger, parfois trop dur ou trop acide pour faciliter ce nouvel enracinement.
Triste condition que celle du déraciné qui devrait susciter dans le cœur des enfants de Dieu, une immense compassion !

Le second évènement n'a pas l'ampleur du précédent puisqu'il se circonscrit aux modestes limites de mon jardin, ni son caractère tragique puisqu'il concerne la transplantation d'un de mes chers oliviers, au nombre de neuf.
Or, il se trouve que cet olivier m'est d'autant plus cher qu'il a été pendant dix huit ans l'objet de mes soins les plus attentionnés au même titre que son frère jumeau dont la destinée fut différente.
Issus tous deux de deux morceaux d'une même racine, ils furent mis en nourrice sur une plate-bande de terre meuble où ils grandirent gaillardement à la faveur des tailles nécessaires à leur mise en forme. Au bout d'une dizaine d'années, je les transplantai dans l'alignement de leurs aînés dans un sol naturel plus caillouteux, non sans les avoir copieusement arrosés.
Le premier, celui qui est l'objet de notre observation, fit de nombreux bourgeons et de nouvelles feuilles ; le second périclita et m'obligea à le replanter à son emplacement d'origine. Rassuré, il se remit à pousser et, aujourd'hui, il arbore ses premiers fruits d'un vert tendre, qui est un ravissement pour l'œil et une occasion de louer le divin jardinier.
Le premier de ces frères jumeaux avait pris quelque ampleur, dépassant les deux mètres cinquante et commençait à produire du fruit. Malheureusement, sa ramure cassait la perspective sur le reste du

jardin. Je dus donc me résoudre à transplanter à nouveau mon olivier adolescent !

C'est ainsi qu'à notre départ pour notre séjour estival cévenol, je le laissai, un brin anxieux, non sans l'avoir quelque peu élagué et sans avoir copieusement rempli la cuvette creusée à ses pieds.

Ce ne fut qu'un mois plus tard, au mois d'août, que je lui rendis visite. Juillet avait été avare en chute de pluie et le soleil avait dardé la végétation de tous ses feux. Mon olivier faisait pitié à voir ! Toutes ses feuilles avaient bruni et certaines étaient même racornies !

Je décidai alors de tenter l'opération de la dernière chance : élagage sévère et arrosage permanent pendant vingt quatre heures. Le salut de mon olivier méritait bien cette dépense !

Lorsque je revins un mois plus tard, il arborait de nouvelles feuilles d'un vert foncé bien brillant, signe évident d'une reprise de bon aloi. En réduisant la ramure, j'avais favorisé la pousse des radicelles et en l'arrosant abondamment, j'avais facilité l'accession aux éléments nutritifs !

Aujourd'hui, soit quatre mois plus tard, notre olivier se porte comme un charme, si j'ose dire.

Si je me suis appesanti sur cet épisode de la vie de mon olivier, c'est pour souligner, si besoin était, l'importance des racines et de l'enracinement dans le développement, la croissance et la fructification des végétaux, en un mot, dans leur épanouissement.

Cette notion d'enracinement apparaît donc comme fondamentale, au propre comme au figuré.

En utilisant cette formule, l'apôtre Paul n'use pas seulement d'une figure de style, mais il fait référence à une réalité bien connue de ses contemporains qui tiraient principalement leur subsistance d'une économie agraire, ce qui n'est pas notre cas, à nous chrétiens du XXI° siècle .Il m'a donc semblé judicieux d'effectuer quelques recherches pour mieux saisir l'importance du sujet si souvent évoqué dans la Bible.

En d'autres termes et en vue d'une transposition sur le plan spirituel, je me suis intéressé au rôle des racines dans la vie des végétaux et plus particulièrement des arbres.

2) le rôle des racines dans le règne végétal :

En réalité, la racine, qui est un organe vital de la plante ou de l'arbre, joue plusieurs rôles :
- elle permet son ancrage dans le sol
- elle permet l'absorption de l'eau et des nutriments du sol ainsi que leur transport vers les feuilles.
- elle permet l'accumulation de réserves nutritives.
- par son action mécanique, elle crée un nouveau sol.
- elle permet à certaines espèces de communiquer par anastomose au travers d'un contact physique et biochimique.

Comme nous le constatons, le rôle des racines dépasse largement l'idée schématique et réductrice que les béotiens que nous sommes peuvent en avoir.
Raison de plus pour exploiter au mieux cette image que nous offrent les Ecritures !

3) l'ancrage au sol :

Ainsi, le premier rôle des racines que nous avons évoqué est celui de l'ancrage au sol qui permet à l'arbre de tenir debout et de résister aux intempéries.
Or, toutes les espèces ne sont pas dotées du même système racinaire. Certaines comme le chêne ont des racines qui poussent en profondeur, d'autres comme le peuplier ou le pin ont des racines qui rayonnent sous la surface : on les dit traçantes.
Il va de soi que selon la nature du sol, rocheuse, rocailleuse, argileuse ou sablonneuse, et selon le type de système racinaire, en profondeur ou en surface, la résistance aux tempêtes, aux tornades ou aux coups de vent, sera plus ou moins grande.
Les récents ravages occasionnés aux forêts des Landes ou à celles du bassin parisien en sont l'illustration.
Une récente émission sur la Patagonie m'a instruit sur l'extrême résistance d'arbres locaux de la famille des épineux, capables de tenir tête ou plutôt houppier à des vents de 350 km/h !
Les quarantièmes rugissants portent bien leur nom !

Or, leur particularité est d'avoir poussé des racines dans les anfractuosités des rochers, enfonçant profondément leur racine-mère pivotante en secrétant des acides pour se frayer un chemin en dissolvant la roche !

4) l'ancrage spirituel du chrétien :

a) les racines :

Forts de ce que nous enseigne la nature, il me semble opportun de nous poser quelques questions sur notre propre enracinement.
En premier lieu, interrogeons-nous sur notre système racinaire.
Est-ce un système qui descend en profondeur comme le chêne, bien ancré dans le sol, ou bien s'étale-t-il en surface comme le pin ?
Nos racines sont-elles issues d'un cœur ferme et convaincu ou d'un cœur manquant de persistance, les empêchant de se développer ?

Dans l'épître aux Hébreux, chapitre 6 v 17, nous lisons ceci :
« Cette espérance, nous la possédons comme une ancre de l'âme, sûre et solide ; elle pénètre au-delà du voile, là où Jésus est entré pour nous comme précurseur. »

L'espérance chrétienne nous est présentée ici comme une ancre de l'âme, autrement dit comme une racine qui lui assure sa stabilité et sa fermeté.
Or, cette espérance est intimement associée à la foi que le même auteur définit au chapitre 11 verset 1, comme « étant une ferme assurance des choses qu'on espère, une démonstration de celles qu'on ne voit pas. »
Ainsi, ces deux sœurs jumelles, foi et espérance, constituent-elles le système racinaire du chrétien.
Toutes deux se développent en profondeur et pénètrent au-delà du voile, dans la sainte demeure de Dieu.
C'est pourquoi, cet ancrage de l'âme nous est décrit comme sûr et solide.

Qu'en est-il, chers lecteurs, des racines de votre âme ?

Pénètrent-elles aux sources de la vie, là où l'amour coule à flots, là où siège le divin ressuscité ? Ou bien, ont-elles laissé pousser des racines adjacentes attirées par les odeurs trompeuses des engrais frelatés que déverse à foison sur le terrain de nos existences l'ennemi de nos âmes ?

Veillons et prions, sachons prendre soin de nos racines, de notre foi et de notre espérance, faute de quoi nous serons des chrétiens chétifs, peu fertiles, à l'aspect peu attrayant, inaptes à manifester la gloire de leur divin jardinier !

b) le sol :

Ceci nous conduit logiquement à aborder la nature du sol dans lequel vont plonger nos racines.
Nous en avons précédemment souligné l'importance !
Nous avons observé que ce serait une folie que de choisir un sol meuble, sablonneux, mouvant et instable qui ne retiendrait pas solidement les racines en cas de forte intempérie, d'inondation ou de grand vent.
L'image de l'arbre et de ses racines, comme celle de la maison bâtie sur le sable qui s'est effondrée à la première tempête, nous renvoie à notre propre vie et à ses fondements.
Ces exemples nous conduisent à nous poser plusieurs grandes questions :
- Quel est le moteur de ma vie ?
- Quelle est la nature de mes convictions ?
- Ces convictions donnent-elles un sens à ma vie ?
- Sont-elles porteuses d'espérance ?
- En d'autres termes, dans quel sol ai-je enraciné et fondé ma vie ?

Or, la réponse à ces questions est indissociable d'une autre interrogation à laquelle nul ne peut échapper :
- Dieu existe-t-il et s'il y a un Dieu créateur, en quoi son existence peut-elle avoir quelque incidence dans ma vie ?
Si je choisis d'évacuer Dieu en m'en remettant au seul hasard comme origine de tout, ma vie sera vide de tout sens et sera livrée aux aléas

des circonstances ou des opportunités qui s'offriront à elle, heureuses ou malheureuses.
Elle s'inscrira entre les bornes du berceau et du tombeau sans autre horizon. Une telle vision de la vie est-elle porteuse d'espérance ?
Assurément non, car elle est limitée dans le temps et car sa conclusion est celle d'une déchéance affligeante, la mort !
Un tel choix est-il source d'assurance, de tranquillité d'âme ?
Assurément non, car elle n'est fondée sur aucune certitude !
Dès lors, pour m'assurer quelque stabilité sur un sol aussi mouvant que celui de l'incertitude, du hasard, des aléas et du relativisme, il ne me reste plus qu'à pousser des racines traçantes, rayonnant à la surface d'un sol instable, peu propice à la vie tant par sa texture que par sa nature peu nourricière.
C'est ainsi que les multiples champs d'intérêt qui s'offrent à moi, du plus nobles comme les arts, la culture ou les sciences, jusqu'aux plus vils comme l'amour de l'argent, du pouvoir ou du sexe, vont accaparer ma vie et susciter mon engouement au point de devenir de véritables idoles.
Or, les idoles modernes sur les autels desquelles nombre de nos contemporains sacrifient leur temps, leur argent, leur santé voire leur famille, n'ont pour seules vertus que de satisfaire les désirs et les appétits d'un Moi toujours avide de pouvoir, d'avoir et de plaisir.
In fine, ces idoles sont au service de l'idole centrale qui est l'homme lui-même.
En rejetant Dieu, ce dernier se met à la place de Dieu, il se prend pour un dieu.
Dès lors, construire sa vie sur de tels fondements et avec de tels matériaux aussi fragiles, aussi fugitifs est une entreprise non seulement hasardeuse mais de surcroît une folie.

Rien n'est nouveau sous le soleil, disait Qoheleth, le sage Ecclésiaste !
Ecoutons ce que disent les Ecritures pour juger de la pertinence de ses propos :

1 Chroniques 16 v 25 :
« Tous les dieux sont des idoles, et l'Eternel a fait les cieux ; la majesté et la splendeur sont devant sa face. »

Esaïe 41 v 29 :
« Voici, ils ne sont que vanité, leurs œuvres ne sont que néant, leurs idoles ne sont qu'un vain souffle. »
Psaumes 115 v 4 à 8 :
« Leurs idoles sont de l'argent et de l'or, elles sont l'ouvrage de la main des hommes. Elles ont une bouche et ne parlent pas, elles ont des yeux et ne voient pas, elles ont des oreilles et n'entendent pas, elles ont un nez et ne sentent pas, elles ont des mains et ne touchent pas, des pieds et ne marchent pas, elles ne produisent aucun son dans leur gosiers.
Ils leur ressemblent ceux qui les fabriquent, tous ceux qui se confient en elles. »

L'apôtre Paul reprend le même thème lorsqu'il écrit aux chrétiens de Rome, chapitre 1 versets 21 à 23 :
« Les hommes sont donc inexcusables, puisque, ayant connu Dieu, ils ne l'ont point glorifié comme Dieu et ne lui ont point rendu grâces ; mais ils se sont égarés dans leurs pensées, et leur cœur sans intelligence a été plongé dans les ténèbres. Se vantant d'être sages, ils sont devenus fous et ils ont changé la gloire du Dieu incorruptible en images représentant l'homme corruptible, des oiseaux, des quadrupèdes et des reptiles. »

Le Seigneur Jésus lui-même, avec son langage direct, nous a laissé ces paroles riches de sens et de vérité dans Matthieu ch 6 19 à 21 :
« Ne vous amassez pas des trésors sur la terre où la teigne et la rouille détruisent et où les voleurs percent et dérobent ; mais, amassez-vous des trésors dans le ciel où la teigne et la rouille ne détruisent point et où les voleurs ne percent ni ne dérobent.
Car, là où est ton trésor, là aussi sera ton cœur. »

A ce point de notre réflexion, j'aimerais, cher lecteur, vous entraîner avec moi dans la découverte de ce Dieu qui s'est révélé aux hommes par la Bible, sa Parole écrite et par son Fils Jésus-Christ, sa Parole faite chair.
A son sujet, l'auteur de l'épître aux Hébreux introduit sa lettre en des termes d'une profondeur insoupçonnée et d'une richesse de sens sans égale :

« Après avoir autrefois, à plusieurs reprises et de plusieurs manières, parlé à nos pères par les prophètes, Dieu, dans ces derniers temps, nous a parlé par le Fils qu'il a établi héritier de toutes choses, par lequel il a aussi créé le monde, et qui, étant le reflet de sa gloire et l'empreinte de sa personne, et soutenant toutes choses par sa parole puissante, a fait la purification des péchés et s'est assis à la droite de la majesté divine dans les lieux très haut, devenu d'autant plus supérieur aux anges qu'il a hérité d'un nom plus excellent que le leur. »

Quel souffle, chers lecteurs, dans ce texte !
Quelles perspectives admirables nous sont offertes sur la grandeur, la puissance et la sainteté du Dieu créateur ; mais aussi et surtout, quels sentiments d'adoration, de reconnaissance et d'humilité, l'expression de son amour incarné en la personne de son Fils Jésus-Christ, ne suscite-t-il pas dans nos cœurs émerveillés!

Que nous sommes loin des pitoyables descriptions des idoles que le monde des hommes offre à ses populations !
Que nous sommes loin des horizons étriqués offerts par les philosophies humaines construites sur les rudiments d'un monde fondé sue la déification du Moi, sur le pouvoir de l'argent, sur la satisfaction de tous les appétits, sur la séduction des plus folles illusions !

Le Dieu qui se révèle à nous dans le texte lu, possède une stature d'une dimension telle, qu'elle échappe à toute investigation de la pensée humaine la plus aiguisée et la plus hardie.
Il a fallu, pour que nous prenions conscience de l'extraordinaire de son être hors de tout car au-dessus de tout, qu'il emprunte le chemin le plus inattendu, le plus inouï et le plus inespéré, celui de l'incarnation.
Lui, le Pantocrator, le maître de tout, le créateur, le Tout-Puissant a choisi de se mettre à la portée de ses créatures rebelles et pécheresses, en prenant forme humaine en la personne de Jésus-Christ son Fils !
Par la vie, par les actes, par les paroles, par la mort expiatoire sur la croix du Calvaire de son Fils, le grand Dieu « que les cieux et la terre ne peuvent contenir » est venu dire à ses créatures : « Je vous aime d'un amour éternel. Je ne veux pas la mort du pécheur mais je veux qu'il vive ! »

« Je veux retrouver une place d'honneur dans ta vie, dans ton cœur. Je veux éradiquer de ton âme les mauvaises herbes du mal qui l'étouffent et la paralysent dans son incrédulité.
Je veux chasser les ténèbres de l'angoisse de l'incertitude, de la désespérance et de la mort.
Je veux remplir ton cœur de la lumière de la vérité et de la chaleur d'un amour éternel.
Je veux rétablir avec toi une relation de tendresse comme celle qui lie un père à son fils.
Je veux que tu me parles à nouveau et que tu m'écoutes, que tu me dises tes peines et que tu entendes mes encouragements.
Je veux que ta vie prenne sens à tes propres yeux, qu'elle soit porteuse de fruits agréables à regarder et bons à manger.
Je ne veux plus que tu sois un déraciné, végétant dans un désert aride ballotté par des vents secs et ravageurs, infertile et improductif.
Je veux que tu me laisses te transplanter sur les berges verdoyantes et fertiles du fleuve d'eau vive qui jaillit du mont Golgotha, là où mon pardon et mon amour coulent à flots.
Je veux que ton regard porte loin et haut vers la cité céleste qui est ma demeure, là même où je t'ai préparé une place dans mon royaume de lumière, là où règneront à jamais mes enfants rachetés qui brilleront d'une lumière éternelle, là où les mots abhorrés de mal, de douleurs, de souffrance et de péchés n'ont jamais eu accès.

Voilà pourquoi mon Fils Jésus-Christ qui portait les marques de mon amour et de ma sainteté, a accepté d'offrir sa vie en sacrifice d'expiation pour tes péchés afin de t'offrir le pardon et la vie éternelle !
Voilà pourquoi, mon serviteur Paul, fidèle parmi les fidèles, t'encourage, t'exhorte, te supplie d'être enraciné et fondé en Christ, d'être enraciné et fondé dans l'amour !

c) Fondés et enracinés en Christ !

Ce n'est pas être fondé sur une chimère, mais c'est être enraciné dans celui qui a dit :
« Je suis le chemin, la vérité et la vie, nul ne vient au Père que par moi ! »
Ou encore :
« Je suis la résurrection et la vie, celui qui croit en moi vivra, quand même il serait mort ! »

Voilà, cher lecteur, la parole la plus révolutionnaire que les habitants des cieux et de la terre n'avaient jamais entendue de bouche d'homme !
- Je suis la résurrection et la vie !
Vivre éternellement, supprimer les barrières de la mort a été depuis toujours l'insatiable quête des alchimistes d'hier comme des généticiens d'aujourd'hui. Percer les secrets de la vie et de la mort hante en permanence la pensée des hommes obsédés par cette double pensée de l'immortalité et de l'éternité. L'histoire des sciences comme celle des religions en témoignent abondamment, les pyramides égyptiennes en étant un des exemples.

Or, voici que cette attente de l'homme trouve sa réponse dans cette parole du Fils de Dieu, de Dieu lui-même :
« Je suis la résurrection et la vie ! »
Cependant, pour révolutionnaire qu'elle fut, cette parole eût été vaine si elle n'eût été confirmée par les faits, et la foi et l'espérance chrétienne sans fondements, si la résurrection n'était restée qu'en l'état d'une simple déclaration.
Mais, les faits sont bien là pour en attester la réalité car la résurrection du Christ fut attestée par des centaines de témoins.
Mieux, des millions de témoins ont confirmé, tout au long de l'histoire, que leur vie avait été transformée lorsque le Christ ressuscité, éternellement vivant, s'était révélé à eux, et qu'il était devenu l'hôte permanent de leur cœur, de leur âme et de leur pensée !
Certes, il ne s'agit pas d'un contact physique mais d'une relation spirituelle qui, pour impalpable qu'elle soit, n'en n'est pas moins réelle pour celui qui la vit.

Qu'il se lève le matin et il sent en lui l'amour du Christ qui l'enveloppe.
Qu'il se mette à table à midi et c'est cette même présence qui suscite son action de grâce.
Qu'il se couche, et voici que sa présence rassurante suscite en lui la confidence envers son divin ami.

Voilà, cher lecteur, un bref aperçu de la réalité de la résurrection du Christ dans la vie de celui qui l'a accepté comme son sauveur et maître !

Etre enracinés et fondés en Christ, c'est être enracinés sur du solide, du durable, de l'éternel !
C'est être fondé sur le roc !
C'est d'ailleurs ainsi que l'apôtre Paul qualifie le Christ dans 1 Corinthiens ch 10 v 4, l'identifiant à l'Eternel qui accompagnait son peuple dans la traversée du désert :
« Ils ont tous bu le même breuvage spirituel, car ils buvaient à un rocher spirituel qui les suivait, et ce rocher spirituel était le Christ. »

C'est Jésus-Christ dont le prophète Esaïe brosse le portrait lorsqu'il annonce la venue en ces termes, 650 ans avant sa naissance au chapitre 9 v 5 :
« Car un enfant nous est né, un fils nous est donné et la domination reposera sue ses épaules ; on l'appellera Admirable, Conseiller, Dieu puissant, Père éternel, Prince de la paix. »

C'est de lui, enfin, que parle le Psalmiste à la fin du magnifique Psaume 92, dans un texte qui rejoint parfaitement notre sujet sur l'enracinement :
« Les justes croissent comme le palmier, ils s'élèvent comme le cèdre du Liban. Plantés dans la maison de l'Eternel, ils prospèrent dans les parvis de notre Dieu ; ils portent des fruits dans la vieillesse, ils sont pleins de sève et verdoyants, pour faire connaître que l'Eternel est juste.
Il est mon rocher, et il n'y a point en lui d'iniquité. »

d) Enracinés et fondés dans l'amour :

Etre fondés et enracinés en Christ, c'est aussi plonger ses racines dans le sol fertile de son amour qui est l'aliment inépuisable de l'âme. C'est la garantie d'un développement durable et fructueux sur lequel le temps n'a pas de prise, pas plus que les intempéries ou les cataclysmes de la vie.
Que viennent à souffler les vents de l'épreuve, de la maladie, du deuil, des moqueries, de l'injure ou de la calomnie, autant de choses susceptibles d'affecter le chrétien, celui-ci restera inébranlable car ses deux racines, la foi et l'espérance, sont profondément ancrées au cœur même du rocher des siècles duquel jaillissent les sources de la vie.
Certes, il portera les stigmates des combats menés contre les éléments déchaînés, à l'image des plaies de son Maître, mais il sera toujours debout portant en abondance les fruits de l'amour divin, lesquels sont les marques de son identité d'enfant de Dieu.

Le Seigneur Jésus lui-même fait référence à plusieurs reprises à cette image qui lui tient à cœur dans ces paroles rapportées par Matthieu 7 v 17 :
« Tout bon arbre porte de bons fruits, mais le mauvais arbre porte de mauvais fruits. Un bon arbre ne peut porter de mauvais fruits, ni un mauvais arbre de bons fruits. Tout arbre qui ne porte pas de bons fruits est coupé et jeté au feu. »

Dans Matthieu ch 12 v 33, il précise sa pensée :
« Ou bien, dites que l'arbre est bon et que son fruit est bon ; ou dites que l'arbre est mauvais et que son fruit est mauvais ; car on reconnaît l'arbre à son fruit ! »

5) Conclusion :

Voici arrivé le temps de conclure ce premier volet de notre série sur les racines chrétiennes.

- Je m'adresserai en premier lieu à ceux qui ont pris conscience de l'impérieuse nécessité de fonder leur vie sur du solide, et je les exhorterai, avec toute la force de ma conviction, à mettre leur foi en

Jésus-Christ, le rocher des siècles, à fonder leur espérance en celui qui est la résurrection et la vie ! Vous découvrirez alors combien il est bon, combien il est doux de se savoir aimés. Vous découvrirez, émerveillés que Jésus-Christ est vraiment le pain vivant qui rassasie l'âme et l'eau qui désaltère.
Enracinés et fondés en Lui, vous serez alors à l'abri des tourmentes de la vie et n'aurez plus à craindre la mort, car Il aura fait de vous des enfants de l'éternité.

- Je m'adresserai en second lieu à ceux qui ont fait l'expérience bénie de l'enracinement par la foi en Christ, et je les exhorterai à prendre soin de leurs racines en les alimentant toujours plus dans la terre nourricière de la Parole de Dieu qui est parole de vie.
Prenez garde aussi de ne pas laisser se développer des racines traçantes qui s'alimenteraient des nourritures terrestres, au risque de contaminer vos âmes et de ralentir la croissance en profondeur de votre foi et de votre espérance.

Chapitre II : les nutriments : le Saint-Esprit et l'amour

Textes bibliques :

Proverbes 12 v 3 : « la racine des justes ne sera pas ébranlée. »
Proverbes 12 v12 ; « la racine des justes donne du fruit. »

1) Introduction :

Alors que nous abordons le second volet de notre réflexion sur l'enracinement du chrétien, ces deux versets issus du même chapitre 12 des Proverbes, constituent une base bien adaptée à notre introduction.
Le premier verset nous renvoie à notre précédente méditation centrée sur le rôle d'ancrage des racines pour résister aux intempéries de la

vie. En utilisant les connaissances acquises de l'observation des végétaux et en nous appuyant sur la Parole de Dieu, nous avons mis en évidence plusieurs points fondamentaux :

- Toute vie véritablement chrétienne doit être enracinée dans un terrain solide, à l'épreuve des séismes, des glissements de terrain et des tempêtes.
Ce terrain inébranlable porte un nom, Jésus-Christ, Amour divin incarné, Parole de Dieu faite chair, Rocher des siècles.

- Pour pouvoir bénéficier d'un ancrage solide, le chrétien doit plonger profondément ses racines dans ce sol stable et nourricier.
Pour ce faire, il dispose de deux racines pivotantes, la foi et l'espérance qui sont imbriquées et intimement unies entre elles.
Ce sont elles qui vont assurer la solidité et la stabilité du chrétien face aux multiples épreuves que la vie ne manquera pas de lui offrir.
C'est ainsi que la racine du juste ne sera pas ébranlée !

Le second verset ouvre pour nous le deuxième volet de notre réflexion concernant un autre aspect du rôle des racines, à savoir, l'absorption de l'eau et des nutriments du sol, et leur transport pour sa croissance vers les feuilles en vue de porter du fruit et de se reproduire.
C'est ainsi que la racine du juste porte des fruits !

2) Les racines : sources de nourriture pour la croissance de l'arbre :

a) la nature du sol :

Les racines permettent donc à l'arbre de se nourrir, de croître et de se reproduire en puisant dans le sol les éléments qui lui sont nécessaires.
L'élément fondamental qui va permettre le transport vers la cime de l'arbre des divers nutriments, est l'eau.
En effet, elle va être en contact avec deux sortes d'éléments sans lesquels l'arbre ne pourrait pas vivre :
- d'une part, les composés ammoniacaux et azotés qui vont s'y dissoudre pour être absorbés, - d'autre part, les minéraux comme le

phosphore, le calcium, le potassium, le soufre, le fer, et le manganèse qui vont être acheminés en solution dans l'eau.

b) L'eau et les divers nutriments : leurs rôles et leurs effets :

Ces divers aliments vont être véhiculés dans la sève brute qui va monter jusqu'au sommet, au travers d'un réseau de canaux circulant au cœur même de l'arbre, appelé aubier.
Une fois les feuilles atteintes, les aliments vont être déchargés avant d'être transformés par l'action de la lumière, en composés organiques, tandis que 90% de l'eau vont s'évaporer au travers de petites fentes présentes sur les feuilles, appelées stomates.
Il est à noter un phénomène intéressant, à savoir que l'évaporation de cette eau va créer une dépression dans les canaux de sève et provoquer un effet de succion dans les racines, appelé osmose.
Je voudrais, maintenant, attirer votre attention sur un mécanisme biologique sans lequel le rôle des racines serait inopérant. En effet, les éléments puisés dans le sol, pour être utilisables, doivent subir des transformations qui en permettront l'assimilation par la plante.
Ce processus porte le nom bien connu de photosynthèse ou encore d'assimilation chlorophyllienne. Littéralement, le vert de la feuille (grec : Khlôros,vert - phullon,feuille) est un pigment qui est sensible à la lumière.
Comme nous allons le voir, non seulement, ce mécanisme est nécessaire à la vie de l'arbre, mais aussi, à celle de toute la planète.
Tout se passe donc au niveau des feuilles qui sont, d'une part, alimentées par la sève ascendante gorgée d'eau, de sels minéraux et de substances azotées, et qui, d'autre part, captent le gaz carbonique de l'atmosphère par leurs stomates.
L'énergie électromagnétique de la lumière est alors absorbée par la chlorophylle et transformée en énergie chimique.
Et c'est ici que le miracle de la photosynthèse se produit !
Le gaz carbonique, constitué de carbone et d'oxygène va être dissocié, libérant l'oxygène dans l'atmosphère d'une part, et le carbone, constituant de l'arbre à 90%, d'autre part.
Sans cet oxygène, toute vie serait impossible sur terre !

Le carbone va alors s'associer aux éléments organiques puisés dans le sol pour constituer des sucres, riches en énergie nécessaire à la croissance de la plante.
Ces sucres constituent avec des protéines, ce que l'on appelle la sève élaborée ou sève descendante qui circule par des vaisseaux dans la partie externe du tronc, située sous l'écorce, appelé le liber. Elle va permettre la croissance en longueur par les bourgeons et en diamètre par le cambium, mince pellicule située entre l'aubier et le liber.

Ce bref aperçu que j'ai simplifié au maximum, nous permet de distinguer trois phases dans le développement de l'arbre :
- En premier lieu, l'absorption des aliments de base par les racines,
- En second lieu, la transformation de ces aliments et leur élaboration pour être assimilables,
- En troisième lieu, leur utilisation dans la croissance et la fructification de l'arbre.

3) les racines : sources de nourriture pour la croissance du chrétien :

C'est donc tout naturellement, en suivant ce processus, que je vous propose d'aborder l'aspect spirituel de notre réflexion.
Tout d'abord, penchons-nous sur ce sol sacré dans lequel plongent les racines de la foi et de l'espérance.

a) Examen du sol d'enracinement du chrétien :

Nous savons déjà qu'il est solide comme le roc, mais que savons-nous de ses ressources nourricières ?
Nous avons en mémoire l'exhortation de l'apôtre Paul à être
« enracinés et fondés en Jésus-Christ. »
Je vous invite donc à nous référer à sa personne, à ses paroles, et à ce que nous dit la Bible de Lui, pour découvrir les ressources vitales qu'Il met à notre disposition.

b) Les nutriments spirituels : l'Esprit et l'amour :

- b1) L'Esprit Saint :

Pour ce faire, nous nous pencherons sur les deux textes suivants :

Dans Jean 4 v 14, Jésus nous dit ceci :
« Celui qui boira de l'eau que je lui donnerai n'aura jamais soif, et l'eau que je lui donnerai deviendra en lui une source d'eau qui jaillira jusque dans la vie éternelle. »

et dans Jean 7 v 37 :
« Si quelqu'un a soif, qu'il vienne à moi et qu'il boive. Celui qui croit en moi, des fleuves d'eau vive couleront de son sein, comme dit l'Ecriture. Il dit cela de l'Esprit que devaient recevoir ceux qui croiraient en Lui. »

Nous le savons tous, et l'actualité nous le rappelle de façon parfois lancinante avec le réchauffement climatique et la désertification de certaines parties de notre planète, le problème de l'eau se pose de façon dramatique.
Nous avons encore en mémoire les textes de Jérémie, de Job et du Psalmiste qui nous décrivent en termes réalistes les bienfaits de l'eau sur les arbres :
- Ils résistent à la chaleur, à la sécheresse.
- Ils ne cessent de porter du fruit.
- Ils donnent leurs fruits en leurs saisons
- Leur feuillage ne flétrit point.
- Quand leur racine a vieilli, ils reverdissent à l'approche de l'eau.

Or, si l'importance de l'eau pour la subsistance et le développement de tout ce qui vit ici-bas nous apparaît comme une vérité incontestable, il est un domaine où elle prend une dimension sans commune mesure puisqu'il s'agit, rien moins, que celui de notre vie spirituelle, autrement dit de notre relation avec notre Créateur, laquelle détermine notre présent et notre avenir éternel.

C'est la raison pour laquelle, Jésus-Christ, le Fis de Dieu répondit au diable qui lui proposait de transformer des pierres en pain, après 40 jours de jeûne, dans Matthieu 4 v 4 :
« L'homme ne vivra pas de pain seulement, mais de toute parole qui sort de la bouche de Dieu ! »
En faisant cette réponse, Jésus ne fait que rappeler à Satan que la vie véritable ne se résume pas aux seules fonctions organiques, mais qu'elle dépend essentiellement de celui qui en est à l'origine, le Dieu créateur, selon ce qui est écrit dans Actes 17 v 28 :
« Car en Dieu, nous avons la vie, le mouvement et l'être. »

Ce Dieu dont parle ici l'apôtre aux Athéniens, leur est aussi présenté au verset 24, comme « Celui qui a fait le monde et tout ce qui s'y trouve, étant le Seigneur du ciel et de la terre. »
Il est donc la source de toute vie véritable capable d'étancher toute soif de vérité et d'amour !

En nous enracinant en Jésus-Christ, son Fils, parfaitement Dieu et parfaitement homme, nous étanchons la soif de nos âmes en celui qui a dit dans Jean 6 v 63 :
« Les paroles que j'ai dites sont esprit et vie ! »

Dès lors, les deux déclarations de Jésus que nous avons lues précédemment, prennent un nouveau relief :
 La racine de notre foi puisera en lui l'eau nécessaire à sa croissance et à son affermissement,
 et la racine de l'espérance trouvera en lui matière à s'épanouir sans aucune retenue.

En associant l'eau et l'Esprit, le Seigneur Jésus pointe du doigt le besoin essentiel et vital de toute âme humaine.
L'eau est tout à la fois symbole de vie, de régénération et de purification lesquelles devraient être l'aspiration première de tout homme en quête de vérité.
Souvenons-nous de cette parole du Maître dans son sermon sur la montagne dans Matthieu 4 v 6 : « Heureux ceux qui ont faim et soif de la justice, car ils seront rassasiés. »

L'Esprit Saint nous est présenté comme cette eau qui purifie et qui vivifie dans Jean 6 v 63 :
« C'est l'esprit qui vivifie ; la chair ne sert de rien. »
C'est pourquoi, Jésus commence son sermon sur la montagne par ces paroles qui devraient interpeller tout homme :
« Heureux les mendiants en esprit, car le royaume des cieux est à eux ! »

Autrement dit, heureux ceux qui sont conscients de leur indigence spirituelle et de leurs besoins spirituels car leur soif de vérité sera étanchée par la venue du Saint-Esprit en eux et par leur accession au royaume éternel de Dieu.
Nous rejoignons ainsi cette autre parole de Jésus adressée à Nicodème, chef des Juifs dans Jean 3 v 3 :
« En vérité, en vérité, je te le dis, si un homme ne naît de nouveau, il ne peut voir le royaume de Dieu…v5 : en vérité, en vérité, si un homme ne naît d'eau et d'esprit, il ne peut entrer dans le royaume de Dieu. Ce qui est né de la chair est chair, et ce qui est né de l'esprit est esprit. »

Voilà, cher lecteur, la clé qui ouvre les portes de la vraie vie, de la vie éternelle !
Plonger ses racines dans le sol fertile des paroles du Christ, le ressuscité, le vivant, celui qui seul est en mesure d'étancher notre soif de vivre.

- b2) L'amour :

Nous avons parlé de cette eau qui désaltère, purifie et vivifie, de cette eau qui jaillit de Celui qui est la vie, de Jésus-Christ, le rocher des siècles, de Celui qui a vaincu la mort par sa résurrection et qui nous offre la vie éternelle.
Il est temps de parler de cet autre aliment de l'âme qui, associé à l'eau, va pouvoir participer à sa croissance et à son développement.
Il s'agit de l'amour mais pas de n'importe quel amour !
Il s'agit ici d'un amour extraordinaire !
Rappelons les paroles de Paul aux Ephésiens 3 v 17 :

« Je fléchis les genoux…afin qu'étant enracinés et fondés dans l'amour, vous puissiez comprendre quelle est la largeur, la profondeur et la hauteur et connaître l'amour du Christ. »

Je dis bien, amour extraordinaire, car il s'agit, en effet, dans ce texte du terme « agape » qui désigne un amour étranger au cœur naturel de l'homme et qui signe, par sa nature et ses effets, son origine purement divine.
- Extraordinaire, car jaillissant du cœur même de Dieu, il procure à celui qui le reçoit par la foi, sa puissance de vie qui est éternelle.
- Extraordinaire, parce que cet amour se traduit par le don de soi à l'autre, sans aucune contrepartie.
C'est ainsi que Jésus-Christ a offert sa vie sur la croix pour le salut de celui qui croit en lui.
C'est donc un amour **qui se donne** !
- Extraordinaire, parce que c'est un amour qui donne à l'autre le meilleur de lui-même, quitte à se dépouiller pour son bonheur. C'est un amour gratuit, c'est la grâce en action !
C'est ainsi que Jésus-Christ a quitté la gloire de son trône de souverain dans les cieux, s'est dépouillé de ses attributs royaux, pour endosser les langes du petit bébé avant de porter la couronne d'épines du crucifié !
C'est donc un amour **qui donne** !
- Extraordinaire enfin, car cet amour est un amour **qui pardonne** !
Thomas d'Aquin, théologien et philosophe du XIII° siècle, affirme que le pardon de Dieu est d'une puissance supérieure à celle de créer le ciel et la terre.
C'est ce qu'il exprime en disant : « Mon Dieu, vous manifestez votre toute puissance, principalement en pardonnant. »
Quoiqu'on puisse penser du thomisme qui vise à concilier l'apport de la philosophie grecque avec la théologie chrétienne, cette parole exprime fort justement la véritable dimension du pardon qui dépasse en puissance le fait, déjà extraordinaire, de la création.

Et de fait, lorsque Dieu pardonne, Il ne se contente pas d'ordonner pour que la chose soit comme dans l'acte de création, mais Il engage tout son être, toute sa personne.

C'est ce don total manifesté dans le don de son Fils, qu'Il exprime le pardon dans sa dimension la plus aboutie.
En donnant son Fils, Dieu se donne lui-même, Dieu manifeste sa grâce en l'accordant.

L'histoire même du mot « pardonner » souligne la réalité de ce don parfait.
En effet, ce n'est qu'au X° siècle que le mot pardonner apparaît pour traduire les termes grecs, aphésis et charizomaï.
Perdonare est une expression du latin tardif inconnue chez les Pères de l'Eglise.
Perdonare exprime l'idée d'un don total, maximal auquel on ne peut rien ajouter de plus.
Le préfixe latin « per » qui peut être traduit par totalement, parfaitement, extrêmement, signe le caractère abouti du verbe auquel il est associé.
Le verbe »donare » est d'une grande richesse de sens qui méritent d'être cités pour en saisir toute la portée et en mesurer toute la pertinence :
- 1° sens : faire don, donner
- 2° sens : sacrifier
- 3° sens : tenir quitte de, remettre, renoncer à poursuivre
- 4° sens : gratifier de, offrir gratuitement.

Ces quatre définitions données par le dictionnaire latin Gaffiot, se complètent avantageusement pour nous donner une vision plus approfondie du pardon divin que nous pouvons définir ainsi comme étant :
- un don total, sans limite : Dieu a offert son propre Fils (Jean 3v 16)
- un sacrifice total et entier : Dieu a offert son Fils en sacrifice (Ephésiens 5 v 2)
- une remise de peine, une absolution totale : son sang a été répandu pour la rémission de nos péchés (Matthieu 26 v 26)
- Un don gratuit, un acte de grâce : c'est par sa grâce que nous sommes sauvés (Ephésiens 2 v 5) et que nous sommes justifiés (Tite 3 v 7)

Voilà, chers lecteurs, la nature de l'amour divin qui porte en soi une puissance de vie telle, que, non seulement, elle est en mesure de transformer radicalement notre vie ici-bas en la régénérant, en la métamorphosant, en la revitalisant, mais aussi en l'affranchissant et en la libérant de l'emprise du mal, du péché et de la mort !
L'amour de Dieu versé dans le cœur du croyant constitue donc pour lui l'aliment qui nourrira sa foi et lui permettra de grandir, de se fortifier et de porter du fruit.

Associé à l'eau pure et dynamisante de l'Esprit de Christ qui en assure la diffusion jusque dans les recoins les plus cachés de l'âme, il nourrira son espérance par l'assurance de la résurrection.
Mieux encore, le croyant verra sa vie s'épanouir en voyant s'ouvrir de nouvelles perspectives :
« L'eau que je lui donnerai deviendra en lui une source d'eau qui jaillira jusque dans la vie éternelle et des fleuves d'eau vive couleront de son sein. »
Non seulement, en plongeant les racines de la foi et de l'espérance en Christ et dans son amour, le croyant renaît à la vraie vie, mais de surcroît, il devient porteur de cette vie par l'Esprit qui désormais l'anime et par l'amour qu'il partage avec ses semblables !

4) Conclusion :

Etant enracinés et fondés en Christ !
Etant enracinés et fondés dans l'amour !
C'est, non seulement, plonger ses racines dans un sol solide, résistant à toutes les épreuves y compris à la tempête de la mort, mais c'est aussi s'abreuver à la source même de la vie qui ne tarit jamais, Jésus-Christ le Vivant, et se nourrir de son amour comme d'une manne éternellement renouvelée.

Il vous appartient maintenant, chers lecteurs, dans un monde vacillant et sans ressources, de saisir l'occasion qui vous est donnée, de plonger vos racines dans Celui qui a dit :

« Si quelqu'un a soif, qu'il vienne à moi et qu'il boive ! »

« Je suis le pain vivant descendu du ciel ! »
« Je suis la résurrection et la vie. Celui qui croit en moi vivra quand même il serait mort.
« Quiconque vit et croit en moi ne mourra jamais. Crois-tu cela ? »
Jean 11 v 25

Chapitre III : La croissance

1) Introduction :

Les deux précédentes méditations nous ont conduits à découvrir deux fonctions essentielles des racines qui sont les suivantes :
- En premier lieu, elles servent d'ancrage au chrétien pour tenir ferme face aux agressions de la vie, les deux racines pivotantes qui vont s'enfoncer en profondeur dans le sol solide et fertile de la Parole de Dieu, incarnée en Jésus-Christ, le Rocher des siècles , portant le nom de « foi » et » espérance ».
- En second lieu, nous avons découvert qu'elles puisaient dans ce sol sacré, deux nutriments de base nécessaire à la croissance spirituelle de l'enfant de Dieu, à savoir, l'eau vive du Saint-Esprit et l'amour-agape.

Ce sont donc ces deux éléments fondamentaux qui vont contribuer à favoriser la croissance spirituelle du chrétien.

2) La croissance spirituelle :

La croissance spirituelle est un thème qui revient fréquemment sous la plume des écrivains sacrés.
Plusieurs textes sont là pour en attester :
- L'apôtre Paul inscrit cet objectif dans les vœux qu'il formule en faveur des Colossiens ch 1 v 10 :

« Nous ne cessons de prier Dieu pour vous et de demander que vous soyez remplis de la connaissance de sa volonté….pour marcher d'une manière digne du Seigneur….croissant par la connaissance de Dieu.. »

Aux Ephésiens, ch 4 v 14, il souligne l'importance de la croissance spirituelle pour contrecarrer les manigances et les tromperies de l'Adversaire.
C'est la raison pour laquelle Jésus-Christ a donné à son Eglise des serviteurs « pour le perfectionnement des saints….afin que nous ne soyons plus des enfants, flottants et emportés à tout vent de doctrine, par la tromperie des hommes, par leurs ruses dans des moyens de séduction, mais que, professant la vérité dans la charité, nous croissions à tous égards en celui qui est le chef, Christ. »

a) l'infantilisme spirituel :

Or, voici que ces exhortations prennent un relief particulier lorsque nous lisons ce que Paul écrit aux Corinthiens dans 1 Cor 3 v 1 :
« Pour moi, frères, ce n'est pas comme à des hommes spirituels que j'ai pu vous parler, mais comme à des hommes charnels, comme à des enfants en Christ. Je vous ai donné du lait, non de la nourriture solide, car vous ne pouviez pas la supporter ; et vous ne le pouvez pas même à présent, parce que vous êtes encore charnels. »

Ensuite l'apôtre énumère les signes de cet infantilisme spirituel :
« En effet, puisqu'il y a parmi vous de la jalousie et des disputes, n'êtes-vous pas charnels, et ne marchez-vous pas selon l'homme ? »
A présent, Paul étaye son argumentation par un exemple significatif :
« Quand l'un dit : moi, je suis de Paul ! et un autre : moi, d'Apollos ! N'êtes-vous pas des hommes ? Qu'est-ce donc qu'Apollos et qu'est-ce que Paul ? Des serviteurs par le moyen desquels vous avez cru, selon que le Seigneur l'a donné à chacun. J'ai planté, Apollos a arrosé, mais Dieu a fait croître, en sorte que ce n'est pas celui qui plante qui est quelque chose, ni celui qui arrose, mais Dieu qui fait croître. »

Manifestement, les chrétiens de Corinthe avaient laissé se développer des racines rayonnantes en surface, au détriment des racines en profondeur dans le sol de la Parole.

Triste constat que dut faire l'apôtre Paul, constat qui doit nous interpeller et nous interroger sur notre propre niveau de croissance spirituelle.
La pire attitude consisterait à nous croire non concernés par une telle démarche, comme si nous étions exempts de toute faiblesse et donc de tout reproche.

b) Dangers de la surestimation de soi:

Nous oublions trop souvent que notre Adversaire est rusé et qu'il porte aussi le nom de « séducteur ».
Ce n'est pas pour rien que Paul nous a laissé cette mise en garde trop négligée de nos jours, dans 1 Corinthiens 10 v 12 :
« Que celui qui croit être debout, prenne garde de tomber ! »
Il ne vous a pas échappé que Paul n'a pas dit : « que celui qui est debout » mais, « que celui qui croit être debout ! »

Or, précisément, c'est bien dans ce jugement surfait sur soi-même, que se trouve la faille dans laquelle le diable va s'engouffrer !
Quel chrétien n'a jamais cédé à la tentation orgueilleuse de se surévaluer ou de surestimer ses ressources spirituelles ?
Que de drames, de débâcles spirituelles et humaines auraient été évitées à l'Eglise et dans les familles, si l'avertissement de Paul avait été pris en compte !
A cause de cela, de brillants ministères ont été brutalement ternis voire définitivement stoppés !
A cause de cela, des témoins prometteurs ont été soudainement discrédités et paralysés dans leur témoignage, faute de ne pas avoir veillé !

c) Le paradoxe de la croissance spirituelle :

La croissance spirituelle est fondée sur un paradoxe !
Nous en avons pour preuve cette parole de notre Maître adressée à ses disciples qui se demandaient lequel d'entre eux était le plus grand dans Luc 9 v 48 :
« Celui qui est le plus petit parmi vous tous, c'est celui qui est le plus grand ! »

Jésus leur dit ces paroles après avoir placé un petit enfant près de lui pour mieux illustrer son propos.

Voilà, cher lecteur, la logique divine qui va à l'encontre et à contre-courant de la logique des hommes !
Peu de temps auparavant, dans Luc 7 v 28, il avait abordé le même thème en parlant de Jean Baptiste :
« Je vous le dis, parmi ceux qui sont nés de femmes, il n'y en a point de plus grand que Jean.
Cependant, le plus petit dans le royaume de Dieu est plus grand que lui. »

Manifestement, ses disciples n'avaient pas assimilé les paroles de leur Maître !
Là encore, nous devons nous laisser interpeller par le Seigneur Jésus.
Qu'en est-il du regard que nous portons sur nous-même par rapport à nos frères ?
A quel niveau nous situons-nous dans l'échelle de l'humilité ?
Sommes-nous comme le petit enfant que Jésus prend en exemple dans Matthieu 18 v 4 ?
« Quiconque se rendra humble comme ce petit enfant sera le plus grand dans le royaume des cieux. »

Ne nous voilons pas la face, nous avons tous péché à un moment ou à un autre et à des degrés divers dans ce domaine si intime de notre être, et si nous ne l'avons pas fait de façon visible à la manière ostentatoire des bons conseillers, la discrétion de notre surestimation n'en reste pas moins coupable aux yeux de Celui qui sonde les cœurs et les reins.

d) S'abaisser, c'est s'élever :

Etre enracinés en Christ par la foi, c'est donc emprunter le même chemin que Lui qui, de Dieu qu'Il était, s'est fait humble pour notre salut, qui, de Roi des cieux qu'Il était, s'est fait petit enfant puis serviteur.
C'est cet abaissement qui fait toute sa gloire et toute sa grandeur !
Or, Jésus n'avait d'autre mobile à ce dépouillement que son amour infini pour ses créatures finies, tandis que l'humilité à laquelle Il nous

convie, découle naturellement de notre statut de créatures qui plus est, pécheresses.
La logique de notre état voudrait donc que nous nous reconnaissions comme tels, faibles, démunis et pécheurs, ce que notre orgueil coupable, indécent et arrogant, nous empêche précisément de réaliser ! Nous voici donc, une fois de plus, obligés de nous colleter avec nous-mêmes, avec notre orgueil qui n'a de cesse de pousser de nouvelles racines pour remplacer celles que le Saint-Esprit vient de consumer de son feu purificateur.
Il s'agit bien d'un combat de tous les instants qui implique que nous veillons sans cesse à activer les racines de la foi et de l'espérance.

L'apôtre Paul, en s'écriant : « Misérable que je suis, qui me délivrera du corps de cette mort ? » (Romains 7 v 24) illustre par ce cri de douleur, l'âpreté du combat.
Son chemin spirituel le conduira au travers de multiples épreuves tant morales, spirituelles que physiques, à prononcer les paroles suivantes adressées à son fils spirituel Timothée, dans 1 Timothée 1 v 15 :
« C'est une parole certaine et digne d'être reçue, que Jésus-Christ est venu dans le monde pour sauver les pécheurs dont je suis le premier. »

Voilà, chers lecteurs, ce qui fait la grandeur de l'apôtre Paul, voilà ce qui constitue l'aboutissement d'une croissance permanente de ce serviteur de Dieu qui plongeait ses racines
en Jésus-Christ et en Lui seul, au point de pouvoir dire dans Galates 2 v 20 :
« Si je vis, ce n'est plus moi qui vit, c'est Christ qui vit en moi ! »

Se reconnaître, non seulement pécheur, mais le premier des pécheurs !

Dès lors, nous comprenons mieux les textes qu'il nous a laissés dans 2 Timothée 4 v 6-7 :
« Pour moi, je sers de libation et le moment de mon départ approche. J'ai combattu le bon combat, j'ai achevé ma course, j'ai gardé la foi. Désormais, la couronne de justice m'est réservée ; le Seigneur, le juste juge, me la donnera dans ce jour-là, et, non seulement à moi, mais encore à tous ceux qui auront aimé son avènement. »

Celui qui se considérait comme le moindre des apôtres (1 Corinthiens 15 v 9) et le premier des pécheurs, nous livre ici le secret de sa victoire :
Il a veillé sur ses racines et les a toujours enfoncées plus profondément dans le sol de la parole de son Maître !
- J'ai gardé la foi : voilà pour cette première racine !
- La couronne de justice m'est réservée, voilà pour celle de l'espérance !

e) Un second paradoxe :

Comme nous venons de le voir, la croissance spirituelle s'inscrit au cœur d'un paradoxe : pour grandir selon les normes divines, il faut être petit selon les normes humaines.
Or, voici qu'un autre paradoxe, dans la logique du précédent, s'offre à notre méditation.
Nous le découvrons en lisant 1 Corinthiens 1 v 27 :
« Dieu a choisi les choses folles du monde pour confondre les sages ; Dieu a choisi les choses faibles du monde pour confondre les fortes ; et Dieu a choisi les choses viles du monde et celles qu'on méprise, celles qui ne sont point, pour réduire à néant celles qui sont, afin que nulle chair ne se glorifie devant Dieu. Or, c'est par Lui que vous êtes en Jésus-Christ, lequel de par Dieu, a été fait pour nous, justice et sanctification et rédemption, afin, comme il est écrit : que celui qui se glorifie, se glorifie dans le Seigneur. »

Voici, chers lecteurs, un programme d'action dont les modalités sont radicalement opposées à celles que prônent les managers de notre temps que ce soit sur le plan politique, économique, social ou professionnel !
Le Dieu Mamon, la puissance de l'argent, la soif de pouvoir sont autant de facteurs de compétitions acharnées, sources de violence et de barbarie.
Etre le plus beau, le plus fort, le plus brillant, le plus riche, le plus en vue, le plus respecté constituent les règles de base du fonctionnement de nos sociétés.

Il nous est fort aise de dénoncer ce que l'actualité nous offre en pâture au quotidien, dès lors que nous pensons à tort être nous-mêmes définitivement libérés de telles motivations et à l'abri de tels reproches.
Grave erreur que de se bercer de telles illusions, car cela dénote tragiquement un oubli manifeste de cette parole de notre Maître qui pointe du doigt la source de nos maux et de nos faiblesses dans Matthieu 15 v 19 :
« C'est du cœur que viennent les mauvaises pensées, les meurtres, les adultères, les impudicités, les vols, les faux témoignages, les calomnies. Voilà les choses qui souillent l'homme ! »

Quelle clairvoyance chez Celui qui est capable de tout sonder y compris les cœurs et les reins ! (Apocalypse 2 v 23).

L'auteur des Proverbes avait compris l'importance majeure de prendre soin de son cœur, lorsqu'il écrivit ces paroles au chapitre 4 v 20 :
« Garde ton cœur plus que toute autre chose, car de lui viennent les sources de la vie ! »
Il découle de cela qu'il nous appartient, ici aussi, de détecter toute présence en nous de sentiments ou de pensées qui relèveraient de l'héritage de la chair et de ses impuretés ;
de débusquer toute tentative de notre vieil homme de reprendre les commandes de notre vie ;
d'ausculter notre cœur pour y rechercher l'écho d'un battement parasite que signe le bruit suivant : moi-je, moi-je, moi-je !

Or, ce « moi-je » qui s'oppose au « toi-Dieu » s'enracine dans le sol empoisonné de l'orgueil, de l'autosuffisance et de la vanité, autrement dit, du péché.
C'est ce « moi-je » qui a été crucifié sur la croix du Calvaire avec Christ, que nous devons combattre avec opiniâtreté.
Souvenons-nous de ces paroles de Paul dans Romains 6 v 5 et ss :
« Notre vieil homme a été crucifié avec Lui, afin que le corps du péché fût détruit, pour que nous ne soyons plus esclaves du péché ; car celui qui est mort est libre du péché....v 10 :
car Christ est mort et c'est pour le péché qu'Il est mort une fois pour toutes ; Il est revenu à la vie, et c'est par Dieu qu'Il vit. Ainsi, vous-

mêmes, regardez-vous comme mort au péché et comme vivant pour Dieu, en Jésus-Christ ! »

Voilà, chers lecteurs, le sol dans lequel doivent s'enraciner notre foi et notre espérance, si nous voulons croître et nous développer en harmonie avec le dessein de Dieu et à la ressemblance de notre Sauveur !

Il faut qu'il croisse et que je diminue, disait Jean le Baptiste. Pouvons-nous prétendre à moins que cela ?
Car, c'est bien en Jésus-Christ et par Lui que nous découvrons la démonstration du second paradoxe que nous a livré Paul dans le texte lu précédemment où « Dieu a choisi les choses viles, les choses faibles et les choses folles » pour exprimer sa gloire, sa force et sa sagesse !
Et c'est aussi par ces mêmes choses insignifiantes et démunies aux yeux du monde, représentées par chacun de ses rachetés, que Dieu a choisi de manifester sa gloire ici-bas !

Mais pour réaliser le plan divin, nous devons grandir, encore et toujours !

f) Les clés de la croissance :

« Croissez par la connaissance de Dieu ! »
    Telle est l'exhortation que Paul adresse aux Colossiens, ch 1 v 10 ;

« Croissez en celui qui est le chef ! »
    Telle est celle qu'il adresse aux Ephésiens ch 4 v 5 ;

Exhortations qui s'harmonisent avec celles de l'apôtre Pierre dans 2 Pierre 3 v 17-18 :
« Vous donc, bien-aimés, qui êtes avertis, mettez-vous sur vos gardes de peur qu'entraînés par l'égarement des impies, vous veniez à déchoir de votre fermeté. Mais, croissez dans la grâce et dans la connaissance de notre Seigneur et Sauveur, Jésus-Christ. »

Notre croissance spirituelle dépend donc de notre connaissance de Dieu et de Jésus-Christ qui est notre chef, notre Seigneur et notre Sauveur !
Au risque de me répéter, c'est en Lui et en Lui seul que doivent s'enraciner notre foi et notre espérance !
Il s'agit là d'un impératif que nous devons prendre au sérieux !
Faute de quoi, non seulement, nous courons le risque d'être ébranlés et de déchoir de notre fermeté, autrement dit, de tomber dans un état inférieur à celui où nous étions, mais de surcroît, victimes de malnutrition, nous ne grandirons plus, nous nous affaiblirons et par là, nous deviendrons les proies faciles de l'Adversaire.
Nous ne devons jamais perdre de vue que lorsque l'homme nouveau en nous s'affaiblit et décroît, le vieil homme se renforce et grandit selon le principe naturel mais aussi spirituel que la nature a horreur du vide, et çà, le diable le savait déjà !

L'homme nouveau est donc appelé à grandir en se nourrissant par la foi de la vie même de son Maître, qui l'alimentera par son Esprit et par sa parole inspirée.
Et, dans le même temps, le vieil homme diminuera, perdra ses forces, verra ses désirs jugulés, étant privé des ressources susceptibles d'alimenter ses appétits.

Ici encore, l'apôtre Paul est de bon conseil lorsqu'il écrit dans Ephésiens 4 v 20 :
« Mais vous, ce n'est pas ainsi que vous avez appris Christ, si du moins vous l'avez entendu, et si, conformément à la vérité qui est en Jésus, c'est en Lui que vous avez été instruits à vous dépouiller, eu égard à votre vie passée, du vieil homme qui se corrompt par les convoitises trompeuses, à être renouvelés dans l'esprit de votre intelligence et à revêtir l'homme nouveau, créé selon Dieu dans une justice et une sainteté que produit la vérité. »
Dans Colossiens 3 v 9, Paul reprend ce même thème :
« Ne mentez pas les uns aux autres, vous étant dépouillés du vieil homme et de ses œuvres, et ayant revêtu l'homme nouveau qui se renouvelle, dans la connaissance, selon l'image de Celui qui l'a créé. »

Ces paroles nous renvoient à cette affirmation solennelle de notre Maître lui-même, affirmation que le confort et la routine quotidienne en ce XXI° siècle d'anarchie morale et de consumérisme effréné, ont tendance à nous faire oublier :
« Nul ne peut servir deux maîtres. Car, ou il haïra l'un et aimera l'autre, ou il s'attachera à l'un et méprisera l'autre. Vous ne pouvez servir Dieu et Mamon ! » (Matthieu 6 v 24)

En d'autres termes, ou bien nous accorderons le plus grand soin à nourrir notre âme pour la croissance de l'homme nouveau, accordant l'exclusivité de notre amour à celui qui nous a donné la vie ; ou bien nous concèderons des avantages à notre vieil homme, lui réservant des recoins cachés dans notre vie pour satisfaire ses exigences.
En l'occurrence, nous nous devons de préciser qu'il peut advenir que l'Adversaire nous séduise au point de nous empêcher de discerner nos dysfonctionnements spirituels. Cependant, le Seigneur, dans sa bonté, mettra tout en œuvre pour nous éclairer et nous remettre sur son chemin de lumière car Il nous aime.

De fait, il faut bien reconnaître que notre croissance spirituelle ne saurait dépendre exclusivement de notre seule bonne volonté ni de nos ressources naturelles, lesquelles seraient rapidement détournées de leur objectif par les sollicitations de notre vieille nature, prompte à revendiquer ses droits.
Fort heureusement, le Seigneur a pourvu à notre indigence, en nous accordant dans sa grâce le puissant secours de son Esprit et en nous donnant par la racine de la foi, de pouvoir puiser en Lui les ressources surnaturelles nécessaires à notre croissance et à notre développement.
C'est, en effet, par la foi que nous pourrons nous attacher à notre Maître, nous nourrir de ses paroles, calquer notre vie sur la sienne, avoir en nous les sentiments qu'Il avait, mettre nos pas dans ses pas, le laisser grandir en nous pour qu'Il imprime son image dans nos vies. Permettre à son Esprit d'irriguer notre être comme la sève irrigue l'arbre, laisser son amour nourrir notre âme pour pouvoir ensuite porter du bon fruit.

Apprendre à mieux connaître notre Maître, c'est faire de Lui notre compagnon de chaque jour, c'est Lui parler et en faire notre confident, c'est entrer dans son intimité et le laisser entrer dans la nôtre sans Lui fermer aucune porte.

Apprendre à mieux connaître notre Maître, c'est le découvrir de son vivant ici-bas, en le suivant dans son parcours qui nous est décrit dans les Evangiles. C'est chercher à connaître le fond de sa pensée, le mobile de ses actes, le moteur de sa vie parmi les hommes.

En d'autres termes, apprendre à connaître le Christ, c'est nous nourrir de ses paroles, de ses enseignements. C'est, non seulement, admirer la beauté de ses vertus, mais les faire nôtres, nous les approprier et les assimiler pour qu'elles prennent corps en nous.

Souvenons-nous de ces paroles du roi David qui, après avoir expérimenté la délivrance de l'Eternel emploie cette belle formule relevée dans le Psaume 33 v 9 :

« Venez et goûtez combien l'Eternel est bon ! »

Apprendre à connaître notre Maître, c'est suivre son cheminement de la cité radieuse de Dieu jusqu'à l'obscurité et le dénuement d'une étable, en passant par l'atelier du charpentier, en le suivant sur les chemins de Galilée et pour finir en levant les regards sur la croix où Il agonise et meurt pour nous.

Tel est, cher lecteur, l'exemple que nous offre à voir et à imiter celui que nous appelons « notre Maître » sans mesurer toujours ce qu'implique dans notre vie, une telle appellation !

Nous avons, en effet, une fâcheuse tendance à oublier que notre Maître a tout sacrifié pour notre salut !

Il a sacrifié sa position suprêmement élevée de Seigneur de l'univers, de créateur et de tout-puissant pour venir rencontrer ses propres créatures sur leur terrain insalubre, afin de leur annoncer une bonne nouvelle, celle du salut offert gratuitement.

Quelle folie, chers amis, qu'une telle démarche qui allait engendrer de telles souffrances culminant avec l'horreur de la croix !

Mais, Dieu a choisi les choses folles du monde pour confondre les sages !

Ecoutons seulement l'apôtre Paul nous en dire davantage, avec une fougue qui traduit bien la force de sa conviction qui n'en cède en rien à celle de sa consécration, dans 1 Corinthiens 1 v 20 et suivants :

« Où est le sage ? Où est le scribe ? Où est le disputeur de ce siècle ? Dieu n'a-t-Il pas convaincu de folie la sagesse du monde ? Car, puisque le monde, avec sa sagesse n'a point connu Dieu dans la sagesse de Dieu, il a plu à Dieu de sauver les croyants par la folie de la prédication. Les Juifs demandent des miracles et les Grecs cherchent la sagesse, nous, nous prêchons Christ crucifié ; scandale pour les Juifs et folie pour les païens, mais puissance de Dieu et sagesse de Dieu pour ceux qui sont appelés, tant Juifs que Grecs. Car la folie de Dieu est plus sage que les hommes, et la faiblesse de Dieu est plus forte que les hommes.
Considérez, frères, que parmi vous qui avez été appelés, il n'y a ni beaucoup de sages selon la chair, ni beaucoup de puissants, ni beaucoup de nobles. »

Avant cela, Paul avait prononcé les paroles suivantes :
« La prédication de la croix est une folie pour ceux qui périssent ; mais pour nous qui sommes sauvés, elle est une puissance de Dieu ! Ainsi qu'il est écrit dans Esaïe 29 v 14 :
« Je détruirai la sagesse des sages et j'anéantirai l'intelligence des intelligents ! »

Oui, la folie de Dieu s'est incarnée en son Fils Jésus-Christ, et cette folie, c'est celle de son immense amour envers nous, pécheurs ! Sommes-nous prêts, chers amis-lecteurs, à incarner dans nos propres vies cette folie de l'Amour, à sacrifier notre Moi et les assurances liées à nos acquis, pour être, par nos paroles et par nos actes, des proclamateurs de la folie de la croix ?
Sommes-nous prêts à être les objets des railleries, des moqueries voire des persécutions de la part de ceux qui ont en aversion le beau message de l'Evangile ?

Plongeons plus profondément encore nos racines en Christ pour y puiser l'eau de l'Esprit qui désaltère et purifie et qui nous alimente de son Amour sans lequel rien n'est possible !
Mais, voici que l'exemple de notre Maître nous entraîne plus bas encore en vue d'une élévation jusque dans les lieux célestes.
Ici, encore, j'en appelle au témoignage de Paul dans 2 Corinthiens 13 v 4 :

« Christ a été crucifié à cause de sa faiblesse ; mais Il vit par la puissance de Dieu ; nous aussi, nous sommes faibles en Lui, mais nous vivrons avec Lui par la puissance de Dieu. »

C'est parce que notre Maître a accepté de renoncer à en appeler aux puissances célestes lors de sa crucifixion, c'est parce qu'Il a accepté d'être l'agneau de Dieu qui ôte le péché du monde, que nous avons accès au trône de la grâce !
C'est dans cette faiblesse, qui ne l'est qu'aux yeux des hommes, que réside toute la puissance de l'amour, toute la force d'une compassion qui a fait dire à notre Maître ; « il n'y a pas de plus grand amour que de donner sa vie pour ceux que l'on aime. »

C'est la raison pour laquelle, l'apôtre Paul a pu nous offrir ce témoignage dans 2 Corinthiens 12 v 10 :
« Quand je suis faible, c'est alors que je suis fort ! »
C'est dans les moments de sa vie où Paul s'est senti le plus démuni, le plus impuissant, qu'il a expérimenté au plus haut degré, la plénitude de la puissance de l'amour de Christ en lui.

Si quelqu'un parmi nous, s'appuie sur ses connaissances bibliques ou théologiques, ou sur la durée de son expérience chrétienne, ou sur sa notoriété acquise dans le microcosme évangélique, ou encore sur le résultat de son travail au service de l'Evangile, pour nourrir en lui le sentiment qu'il possède en la matière quelque capacité ou quelque mérite, il est temps pour lui de revenir au pied de la croix et de s'humilier devant le crucifié !

Que celui qui se glorifie, se glorifie dans le Seigneur, aimait à répéter l'apôtre Paul aux Corinthiens (1 Cor 1 v 31) ajoutant au v 29 : « afin que nulle chair ne se glorifie devant Dieu. »

Connaître Christ, plonger nos racines en Lui pour grandir à son image, c'est enfin accepter comme Lui d'être considérer comme une chose vile !
Le qualificatif « vil » désigne une chose bon marché, sans valeur ! Au figuré, ce qui est vil, est méprisable.

« Comment en un plomb vil, l'or pur s'est-il changé ? » fait dire Racine à Joad dans sa tragédie, Athalie.

Notre Maître a accepté cet infâme avilissement, non pas de sa nature toujours restée pure, mais de son statut aux yeux des hommes, pour accomplir la volonté de son Père céleste.

Il a accepté d'être méprisé des hommes, d'être abandonné, d'être maltraité, brutalisé, conspué.

Il a accepté qu'on lui crache au visage, qu'on lui crie sa haine et son mépris, qu'on ajoute à sa souffrance physique, une souffrance morale dont les cris d'une foule hurlante et vociférante nous donne la mesure de son intensité.

Il a, enfin, accepté, d'être cloué sue une croix d'infamie, comme le pire des criminels, Lui, le seul juste, Lui, le Fils de Dieu, Lui, Dieu parmi les hommes, Lui, Emmanuel, Dieu avec nous ! Et tout cela, par pur amour ! Et tout cela, pour que nous puissions recevoir gratuitement le pardon et la vie éternelle !

Aujourd'hui encore, des milliers de témoins de l'Evangile sont persécutés, avilis et vilipendés au nom de leur Maître Jésus-Christ. Ils sont pourchassés, blessés, massacrés ; leurs femmes et leurs filles sont violées ; ils sont emprisonnés et subissent les pires sévices, considérés par leurs bourreaux comme inférieurs aux animaux ; eux dont le monde n'est pas digne, selon la formule de l'auteur de l'épître aux Hébreux.

Qu'ils sont grands et glorieux ces enfants de Dieu, nos frères dans la foi !

Combien leur exemple nous encourage et devrait nous conduire à plus d'humilité, nous qui n'avons pas souffert dans notre chair notre engagement pour notre Maître !

Assurément, pour avoir atteint une telle stature spirituelle, il ne fait pas de doute que leur foi et leur espérance sont solidement ancrées dans le Rocher des siècles, Jésus-Christ, lui-même !

3) Conclusion :

Si notre désir est de croître spirituellement, de grandir pour nous rapprocher de la stature parfaite de Christ, de voir se développer en nous l'amour et la grâce, la sainteté et la justice qu'il manifesta jusqu'au sublime, si le but de notre vie de chrétien est de viser l'idéal que notre Maître a incarné, alors, soyons prêts à en payer le prix ! Et soyons assurés que, tout au long de notre parcours ici-bas, nous tirerons force, courage, endurance, persévérance, en plongeant nos racines, la foi et l'espérance, dans la terre sacrée où fut érigée la croix de notre Sauveur et Seigneur Jésus-Christ, là où Il versa son sang pour que nous vivions éternellement.

CHAPITRE IV: la fructification

1) Introduction :

« Béni soit l'homme qui se confie en l'Eternel et dont l'Eternel est l'espérance. Il est comme un arbre planté près des eaux et qui étend ses racines vers le courant ; il n'aperçoit pas la chaleur quand elle vient et son feuillage reste vert ; dans l'année de la sécheresse, il n'a point de crainte, et il ne cesse de porter du fruit. »

Tel est le témoignage inspiré par Dieu lui-même, que nous lègue le prophète Jérémie (ch 17v 7-8)
Si j'ai choisi ce texte déjà évoqué, c'est parce qu'il résume parfaitement nos précédentes réflexions, et parce qu'il introduit clairement le sujet de ce chapitre, à savoir, la fructification.
Enraciné en Christ, le chrétien est pareil à cet homme qui se confie en l'Eternel et qui fonde son espérance en Lui seul.
Ainsi la foi et l'espérance sont-elles présentées comme les racines qui servent d'ancrage pour résister aux séismes de la vie, mais leur rôle ne se résume pas à cela seulement. Elles vont, en effet, puiser en Dieu et dans sa Parole de vie, les nutriments qui assureront le développement du chrétien et sa croissance, par l'absorption et l'assimilation de l'eau vivifiante de l'Esprit-Saint et de l'amour divin, appelé aussi l'agapè.
Etant ainsi enraciné et bien nourri, l'arbre va croître et porter du fruit, puis se reproduire.
Ainsi en est-il du chrétien qui n'est pas appelé à la stérilité mais, tout au contraire, à la fertilité.

2) La fructification :

a) un ordre du Seigneur :

Disons-le tout net et avec force, ce que Dieu attend de chacun de ses rachetés, c'est qu'il porte des fruits à sa gloire ; c'est qu'il porte témoignage au monde des principes nouveaux qui animent désormais sa vie, principes qui signent son appartenance à son royaume de lumière, de vérité, de justice et d'amour.
Ecoutons cette parole de notre Maître qui exprime explicitement sa volonté à cet égard, dans Jean 15 v 16-17 :
« Moi, je vous ai choisis, et je vous ai établis, afin que vous alliez et que vous portiez du fruit, et que votre fruit demeure, afin que ce que vous demanderez au Père en mon nom, Il vous le donne. Ce que je vous commande, c'est de vous aimer les uns les autres ! »

Nous avons ici, en germe, le principe de base de toute évangélisation véritable qui découle naturellement d'une vie chrétienne enracinée en Christ.
- « Je vous ai établis pour que vous alliez ! »
Ce texte est à rapprocher des dernières paroles du Maître dans Matthieu 28 v 19 où Il réitère son commandement :
« Allez, faites de toutes les nations, mes disciples ! »
Ainsi, le Seigneur ne nous a pas établis pour que nous soyons statiques, bien installés dans le confort de l'assurance de notre salut, mais pour que nous soyons en marche et en action !
C'est cette même idée que développe l'apôtre Paul lorsqu'il écrit ce qui suit aux chrétiens de Philippes, ch 2 v 12-13 :
« Ainsi, mes bien-aimés, comme vous avez toujours obéi, mettez en œuvre votre salut avec crainte et tremblement…car, c'est Dieu qui produit en vous le vouloir et le faire, selon son bon plaisir. »
Travaillez à votre salut, ou mettez en œuvre votre salut, ou encore, accomplissez votre salut !
En d'autres termes, ne soyez ni inactifs ni immobiles, mais laissez s'exprimer librement la vie nouvelle qui vous anime. Vous étiez morts, mais désormais, vous êtes sauvés, vous avez recouvré la santé, alors, vivez pleinement !

Je vous ai appelés, dit le Seigneur, afin que vous alliez et que vous portiez du fruit !

b) les fruits du chrétien :

Si nous reprenons l'image de l'arbre de Jérémie qui ne cesse de porter du fruit, nous sommes fondés à penser que, de même que le pommier porte des pommes, lesquelles en tombant au sol, vont donner naissance à un nouveau pommier, le chrétien est appelé à voir les fruits de l'Esprit en lui, comme autant de semences susceptibles de donner naissance à un nouveau chrétien.
C'est dire toute l'importance d'une vie chrétienne totalement dévouée à la mission que le Seigneur a assignée à chacun de ses témoins.

J'ai fait référence aux fruits de l'Esprit, au pluriel, sur lesquels nous allons revenir, mais auparavant, j'aimerais retenir votre attention sur le fruit par excellence, qui synthétise et génère tous les autres, à savoir, l'agapè, l'amour divin.

c) : le fruit par excellence :

« Ce que je vous commande, dit le Seigneur, c'est que vous vous aimiez les uns les autres ! »

Jésus ne leur dit pas : « soyez sympathiques les uns envers les autres, ni, soyez de bons amis, ou encore, soyez bons copains, mais, aimez-vous les uns les autres, en grec: agapate allelous !
Autrement dit, aimez-vous de l'amour de Dieu qui est un amour totalement gratuit, sans aucune discrimination !
Vous avez noté comme moi que Jésus n'a pas laissé d'autres alternatives à ses disciples.
Il ne leur a pas dit : « aimez ceux qui sont gentils avec vous, ou aimez ceux qui vous plaisent bien, ou aimez ceux qui ne vous font pas de l'ombre, ou aimez ceux qui pourraient vous rendre service ; quant aux autres, ceux que vous ne jugez pas aimables, libre à vous de les aimer ou non !
Rien de cela dans les propos du Maître, et pourtant, avouons que cela nous aurait bien arrangés !

Aimez-vous les uns les autres, en commençant par ceux qui ne sont pas aimables !
Tel est l'ordre de notre Maître !
N'a-t-Il pas dit : « ce que je vous commande » ?
Non pas, ce que je vous suggère, ce que vous devez essayer de faire, ce qu'il serait bien que vous fassiez, mais, ce que je vous commande, ni plus, ni moins !
Ailleurs, Il élargira son propos, dévoilant ainsi l'ampleur et les exigences de l'agapè, en disant : « Aimez vos ennemis ! »
Dans ses derniers entretiens avec ses disciples, Jésus leur rappelle ce qu'Il n'a cessé de leur dire, dans Jean 13 v 34 :

> « Je vous donne un commandement nouveau : aimez-vous les uns les autres ; comme je vous ai aimés, vous aussi, aimez-vous les uns les autres. A ceci, tous connaîtront que vous êtes mes disciples, si vous avez de l'amour les uns pour les autres. »

Voilà, cher lecteur et ami, la pierre de touche de toute vie véritablement chrétienne !
L'amour que je porte à mes frères et sœurs, et plus largement, celui que j'ai envers mon prochain, selon l'énoncé du second commandement !
Ceci nous oblige, immanquablement, à nous interroger sur la nature des sentiments que nous avons envers nos frères et sœurs, aussi bien que sur ceux que nous portons à nos proches.
Y a-t-il parmi eux, quelqu'un envers qui je nourris quelque ressentiment, quelque acrimonie, quelque jalousie ou tout simplement de l'indifférence ?

Exercice difficile car il implique une remise en cause qui voit s'affronter la vieille nature et ses réflexes d'autosuffisance et d'orgueil, avec l'homme nouveau dont les exigences sont à l'opposé !
Exercice difficile et cependant incontournable si nous voulons être ce que nous prétendons être, des disciples de Jésus-Christ.
Certains pourraient penser être exonérés d'une telle démarche au prétexte qu'ils aiment bien chaque membre de leur communauté ou de leur famille, ou de leurs collègues de travail, et qu'ils pensent être aimés de chacun.

Funeste erreur que celle-là qui, non seulement signale une cécité spirituelle sur soi-même et confine dans un état de paresse préjudiciable à toute croissance spirituelle, mais qui, de surcroît, s'inscrit en faux contre l'enseignement des Ecritures et contre la réalité que l'expérience de la vie chrétienne conduit à découvrir, parfois avec douleur !

Je sais pertinemment que je ne suis pas spontanément aimable aux yeux de certains de mes frères ou sœurs, pour des raisons justifiées ou non, et qu'ils doivent en appeler à l'aide de l'Esprit pour me manifester leur amour, et cela les rend plus précieux à mes yeux !
Et je sais aussi que je dois avoir recours à ces mêmes ressources divines, pour aimer tel ou telle dont les attitudes, les propos, les sentiments ou le caractère m'inspirent naturellement, des sentiments contraires à ceux de l'Esprit.
Cette réalité douloureuse, mais que le Seigneur nous permet d'affronter en vainqueurs, fait partie de notre combat spirituel.

« Si vous demeurez en moi et que mes paroles demeurent en vous, dit le Seigneur, demandez ce que vous voudrez, et cela vous sera accordé. Si vous portez beaucoup de fruit, c'est ainsi que mon Père sera glorifié, et que vous serez mes disciples !
Comme le Père m'a aimé, je vous ai aussi aimés. Si vous gardez mes commandements, vous demeurez dans mon amour, de même que j'ai gardé les commandements de mon Père et que je demeure dans son amour. Je vous ai dit ces choses, afin que ma joie soit en vous, et que votre joie soit parfaite. » **Jean 15 v 7-11.**

L'amour est donc le fruit par excellence que nous sommes pressés de porter, dès lors que nous sommes disciples du Christ !
Et si c'est le cas, nous sommes conviés à demander au Père de nous remplir de son amour, sachant qu'Il répondra à notre requête sur le champ.
Comme je viens de le mentionner, s'engager sur le chemin de l'amour inconditionnel, c'est affronter la réalité des vestiges souvent vigoureux de notre vieille nature qu'il va falloir combattre et réduire à néant, par obéissance au Seigneur.

Ce combat est d'autant plus douloureux et difficile, qu'il s'agit d'un combat intérieur, d'un combat spirituel qui nous met aux prises avec nous-même.
Il s'agit rien moins que de crucifier, de faire mourir le vieux Moi animé par le principe du mal appelé péché.
S'adressant aux Galates ch 5 v 24, l'apôtre Paul, qui venait de faire cette déclaration :
« J'ai été crucifié avec Christ, et si je vis, ce n'est plus moi qui vit, c'est Christ qui vit en moi », **leur laisse cette exhortation** : « Ceux qui sont à Jésus-Christ ont crucifié la chair avec ses passions et ses désirs. Si nous vivons par l'Esprit ? Marchons aussi selon l'Esprit ! Ne cherchons pas une vaine gloire, en nous provoquant les uns les autres, en nous portant envie les uns les autres ! »

En d'autres termes, le Seigneur Jésus et à sa suite, l'apôtre Paul, nous renvoient aux faits suivants :
- Puisque nous sommes sauvés, guéris de la maladie mortelle du péché, alors montrons par notre nouvelle vie sanctifiée que nous le sommes vraiment !
- Puisque nous sommes désormais animés par l'Esprit de Dieu, alors que nos vies en soient la démonstration !
- Autrement dit, mettons en œuvre notre salut en marchant selon l'Esprit !
Ce combat porte un nom : le bon combat de la foi ! Et l'arme de la victoire, c'est l'amour divin, l'agapè que nous donne l'Esprit de vérité !
C'est cet amour insondable de Dieu, incarné en Jésus-Christ, qui permit à ce dernier de vaincre le péché sur la croix. C'est ce même amour versé dans le cœur de ses rachetés qui leur assure la victoire sur le péché !

d) : savoir discerner le vrai du faux :

« Gardez-vous des faux prophètes. Ils viennent à vous en vêtements de brebis, mais au dedans, ce sont des loups ravisseurs. Vous les reconnaîtrez à leurs fruits. Cueille-t-on des raisins sur des épines, ou des figues sur des chardons ? Tout bon arbre porte de bons fruits, mais le mauvais arbre porte de mauvais fruits. Un bon arbre ne peut porter de mauvais fruits, ni un mauvais arbre porter de bons fruits. Tout arbre qui ne porte pas de bons fruit est coupé et jeté au feu. C'est donc à leurs fruits que vous les reconnaîtrez. » **Matthieu 7v15-20.**

Comme cela lui est coutumier, le Seigneur sait utiliser les images de la nature, pour faire passer son message. Ici, il s'agit de la référence aux arbres.
Nous retiendrons de ses propos, sa dernière formule : « c'est donc à leurs fruits que vous les reconnaîtrez ! »
Autrement dit, vous reconnaîtrez les bons arbres à leurs bons fruits, et les mauvais arbres à leurs mauvais fruits. En prolongeant sa pensée, nous pouvons rajouter : vous reconnaîtrez les faux prophètes à leurs mauvais fruits, et les bons prophètes à leurs bons fruits.
Allons plus loin encore : vous reconnaîtrez les faux chrétiens à leurs mauvais fruits et les vrais chrétiens à leurs bons fruits !
Ayons en mémoire cette autre parole de Jésus, qui vient confirmer ce que nous venons de dire :
« Ceux qui me disent ; Seigneur, Seigneur ! n'entreront pas tous dans le royaume des cieux, mais celui, seul, qui fait la volonté de mon Père qui est dans les cieux. » **Matthieu 7v21.**

Et, Jésus pousse sa démonstration à un point que nous n'aurions nous-mêmes jamais osé viser :
« Plusieurs me diront ce jour-là : Seigneur, Seigneur, n'avons-nous pas prophétisé en ton nom ? N'avons-nous pas chassé des démons en ton nom ? Et n'avons-nous pas fait beaucoup de miracles en ton nom ? Alors, je leur dirai ouvertement : je ne vous ai jamais connus, retirez-vous de moi, vous qui commettez l'iniquité ! »
De telles paroles et de tels avertissements ont de quoi nous interpeller et nous conduire à la vigilance car ils sont toujours et plus que jamais d'actualité.
Il ressort de cela que, quelles que soient les belles apparences de ceux qui se disent disciples de Christ, quelle que soit leur notoriété assise sur leurs actes au nom du Seigneur, ce qui les distinguera des vrais chrétiens, ce sera leur propension à commettre l'iniquité qui pourra prendre de multiples formes, le plus souvent cachées ou déguisées.

Or, le Seigneur ne nous a pas laissés démunis face à ces contrefacteurs et Il nous a même donné des recommandations par la bouche de son disciple Jean dans sa 1° épître ch 4v1 :
« Bien-aimés, n'ajoutez pas foi à tous les esprits ; mais éprouvez les esprits pour savoir s'ils sont de Dieu, car plusieurs faux prophètes sont venus dans le monde. »
Plus loin, au verset 6, il ajoute :
« Nous, nous sommes de Dieu. Celui qui connaît Dieu nous écoute ; celui qui n'est pas de Dieu ne nous écoute pas : c'est par là que nous connaissons l'esprit de la vérité et l'esprit de l'erreur. »
Eprouvez les esprits, nous recommande l'apôtre Jean qui nous donne un test de base pour démasquer le loup déguisé en brebis.

e) s'examiner soi-même :

L'apôtre Paul s'adressant aux Galates au ch 13 v 5, les exhorte en ces termes :
« Examinez-vous vous-mêmes pour savoir si vous êtes dans la foi ; éprouvez-vous vous-mêmes ! »
Tant qu'il s'agit d'examiner les autres, voire d'éprouver leur esprit et surtout s'il s'agit de ceux qui se présentent avec le titre de serviteur de Dieu, cela nous semble légitime et même recommandé ; mais, lorsqu'il s'agit de s'examiner soi-même et de s'éprouver, force nous est de reconnaître que cette injonction est plus difficile à accepter et à appliquer !
Or, cette parole que nous adresse Paul est inspirée de Dieu et ne nous autorise aucune récrimination ni aucune dérobade. Elle s'impose à nous avec une insistance marquée par les verbes s'examiner et s'éprouver.
Nous devons donc nous imposer cet examen qui, en soi, est une épreuve, à l'issue de laquelle nous pourrons établir un diagnostic sur notre vie spirituelle, une sorte d'état des lieux de notre âme.

f) les fruits de l'Esprit, témoins de notre enracinement :

Deux textes fondamentaux vont nous guider dans cette démarche.

Dans Galates ch 5 v 22, nous lisons :

« Le fruit de l'esprit, c'est l'amour, la joie, la paix, la patience, la bonté, la gentillesse, la fidélité, la douceur, la tempérance. »
Dans Ephésiens ch 5 v 9 :
« Le fruit de la lumière consiste en toute sorte de bonté, de justice et de vérité. Examinez ce qui est agréable au Seigneur et ne prenez point part aux œuvres infructueuses des ténèbres. »
A ces deux textes, j'en ajouterai un dernier, dans Romains ch 6 v 22 :
« Lorsque vous étiez esclaves du péché, vous étiez libres à l'égard de la justice. Quels fruits portiez-vous alors ? Des fruits dont vous rougissez aujourd'hui ! Car la fin de ces choses, c'est la mort ! Mais, maintenant, étant affranchis du péché et devenus esclaves de Dieu, vous avez pour fruit la sainteté, et pour fin la vie éternelle. Car le salaire du péché, c'est la mort ; mais le don gratuit de Dieu, c'est la vie éternelle en Jésus-Christ, notre Seigneur. »

A la question suivante : souscrivez-vous aux descriptions qui on été faites des fruits de l'Esprit, je suis assuré que personne n'opposerait d'objection en raison de leur nature appréciable par tous, y compris les non chrétiens.

Cependant, entre la déclaration de ces principes et l'appropriation et l'application de ces mêmes principes dans sa vie personnelle, il y a un fossé que seules la foi et la grâce de Dieu permettent de franchir.

Or, c'est bien à ces fruits-là que le monde reconnaîtra que nous sommes disciples de Christ, et à nul autres !
Ce sont ces fruits-là qui sont autant de démonstrations du changement de vie produit par l'œuvre de Dieu dans les cœurs.
Ce sont ces fruits-là qui attireront certains vers le mystère de la vie dont ils dévoilent la beauté et la grandeur.
Ce sont ces fruits-là qui fondent l'unité de l'Eglise et en assurent la pérennité et l'harmonie.
Ce sont ces fruits-là qui constituent un rempart contre les attaques de l'Adversaire.
Ce sont ces fruits-là, enfin, - mais y a-t-il une fin à des fruits qui demeurent jusque dans l'éternité ?- qui rendent à Dieu le Père et à son Fils Jésus-Christ, par l'Esprit qui les entretient et les développe, gloire, honneur et puissance aux siècles des siècles !

Dès lors, il importe que cet examen qui devrait être quotidien, soit fait avec sérieux et non à la légère. A chaque occasion qui le sollicite, nous devons nous interroger si notre attitude est conforme à ce que Dieu attend de nous, si nous sommes bien enracinés en Christ. Quelques questions peuvent nous aider dans cet exercice :
- Mon amour envers mes proches, mes frères en la foi, mes voisins, mes amis, mes collègues de travail est-il exempt de reproches ? N'a-t-il pas présenté des failles, des lacunes ? Y a-t-il lieu de présenter des excuses ou de demander pardon ?
- Est-ce que mon service pour le Seigneur, ma consécration, produisent en moi cette joie que donne le Maître ?
- Malgré les bouleversements ou les contrariétés qui bousculent ma vie, ai-je toujours la paix de Dieu ans mon coeur ?
- Dans les situations d'affrontement, suis-je un artisan de paix ?
- Face au stress, aux urgences, aux agacements, fais-je preuve de patience ?
- Mon cœur est-il spontanément porté à la bonté quel que soit mon vis-à-vis ?
- Peut-on dire de moi que je suis aimable, gentil, indulgent ?
- Suis-je un chrétien fidèle malgré les obstacles et les épreuves, fidèle à la parole donnée à Dieu comme aux hommes ?
- Mes pensées, comme mes paroles et mes actes, sont-ils imprégnés de douceur ?
- Suis-je portés aux excès de quelque nature que ce soit ou au contraire modéré et tempéré ?
- Suis-je, non seulement un adepte, mais aussi un fervent pratiquant de la justice et de la vérité, dans les petites comme dans les grandes choses ?
- Enfin, ma vie a-t-elle cette odeur, ce parfum de sainteté qui la différencie des autres ?

3) Conclusion :

Telles sont les questions auxquelles il nous appartient de répondre, chacun pour sa part.

Et, si nous constatons, au cours de cet examen quelque lacune, quelque manquement, sachons aussi, dans une prière sincère et confiante, demander au Père, au nom du Fils, de restaurer notre âme et de nous accorder, par son Esprit les grâces nécessaires pour que nous portions de bons fruits.

Que nos racines de la foi et de l'espérance plongent chaque jour davantage, dans le sol richement nourricier de la Parole divine, incarnée en Jésus-Christ, pour y puiser les ressources nécessaires à notre sanctification !
Que nos racines se nourrissent sans cesse de l'amour divin, source même de la vie !
C'est alors que nous porterons du bon fruit à la gloire du grand Dieu des cieux !

Chapitre V : la communication et les échanges

1) Introduction :

Nous voici arrivés au terme de notre série de méditations sur les racines.
Nous avons découvert successivement qu'elles permettaient un ancrage solide dans le sol de la Parole de Dieu, incarnée en Jésus-Christ le Rocher des siècles par la foi et l'espérance.
Nous avons aussi appris que ces mêmes racines puisaient dans ce sol riche en nutriments, l'eau de l'Esprit et l'amour, ressources inépuisables assurant une croissance continue.
Enfin, nous avons observé les bienfaits de ces deux processus dans leur prolongement, au travers de la fructification, si bien décrite par le Seigneur lui-même puis par ses apôtres Pierre, Paul et Jean.
Je vous propose aujourd'hui de vous pencher avec moi sur un nouveau phénomène que nous offre l'observation des racines, si peu que nous prenions la peine de creuser le sujet.

Il s'agit d'un phénomène insoupçonné puisqu'il décrit les échanges et la communication entre les arbres ! Insoupçonné mais riche en leçons spirituelles.

2) la communication entre les arbres :

En premier lieu, il faut dire que tous les arbres ne présentent pas tous cette particularité, mais seulement certaines espèces.
En second lieu, il faut savoir que pour qu'il y ait communication entre eux, il faut qu'ils ne soient pas trop éloignés les uns des autres, ce qui est le cas pour les forêts, les bosquets et les linéaires.
Enfin, il faut préciser que cette communication s'effectue par contact entre les racines de deux arbres voisins.

a) communication par contact direct : l'anastomose

Ce contact, qui peut s'apparenter à une forme de greffe naturelle, porte le nom d'anastomose, ce qui signifie, ouverture. On emploie aussi ce terme en chirurgie lorsqu'on relie deux vaisseaux sanguins entre eux. On parle aussi d'abouchement.
Cette anastomose permet donc une communication à la fois physique et biochimique et il en résulte une mise en commun des ressources hydriques et nutritives.
C'est ainsi que cette liaison étroite par contact racinaire permettra d'aider une souche ou un arbre blessé à survivre et à mieux résister à l'érosion des sols, des pentes et des berges.
Toutefois, s'il s'agit là d'un avantage important pour les forêts, les bosquets et les linéaires, les spécialistes suspectent l'anastomose de pouvoir être l'occasion de passage rapide d'agents pathogènes d'un arbre à l'autre lorsque l'un des arbres est infecté.

b) communication indirecte par le mycélium :

Il importe de savoir qu'une communication peut être établie en dehors de tout contact direct.
Ce contact peut alors se faire par l'intermédiaire d'un champignon dont les filaments, appelés, mycélium, relient entre elles les racines des arbres, permettant ainsi des échanges biochimiques.

3) la communication entre chrétiens :

Le moment est venu d'établir un parallèle avec la communication au sein de l'Eglise.
Nous venons de constater que le contact racinaire permettait des échanges hydriques et nutritionnels à un point tel, qu'un arbre blessé voire même une souche, pouvaient reprendre vie et porter de nouveaux fruits.
Ce phénomène m'a aussitôt renvoyé à la notion de mutualité, de partage réciproque et d'échanges.
Il s'agit là d'un thème que l'on retrouve sans cesse sous la plume des écrivains sacrés, thème qui se fonde sur la notion d'unité.
Le Seigneur n'avait-il pas dit dans sa prière sacerdotale (Jean 17 v 11) :
« Père saint, garde en ton nom ceux que tu m'as donnés, afin qu'ils soient un comme nous. »
C'est cette unité entre le Père et le Fils qui est le modèle et le fondement de l'unité entre les enfants de Dieu. Unité d'autant plus précieuse qu'elle est au cœur de la prière de notre Maître !
A sa suite, l'apôtre Paul exhortera ses frères en ces termes dans Ephésiens 4 v 3 :
« Je vous exhorte...à marcher d'une manière digne de la vocation qui vous a été adressée...vous efforçant de conserver l'unité de l'esprit par le lien de la paix....v13 :jusqu'à
ce que nous soyons tous parvenus à l'unité de la foi et de la connaissance du Fils de Dieu. »

Or, qui dit unité, dit aussi partage et échange, selon le principe même de l'amour qui anime de toute éternité l'être divin, Père, Fils et Saint-Esprit.
C'est cette unité de l'être divin, qui en fait sa spécificité, qui détermine la spécificité même de l'unité de l'Eglise.
Eglise qui, malgré la diversité de ses membres, ce qui constitue sa richesse, est appelée à vivre selon l'unité de l'Esprit, c'est-à-dire, selon des normes qui échappent à la raison humaine, car elles participent des principes spirituels issus de la nature même de Dieu.

Dès lors, nous comprenons mieux que d'une telle logique, découlent ces paroles de Paul, adressées aux Romains au ch 12 v 4-5, de son épître éponyme :
« Car, comme nous avons plusieurs membres dans un seul corps, et que tous les membres n'ont pas la même fonction, ainsi, nous qui sommes plusieurs, nous formons un seul corps en Christ, et nous sommes tous membres d'un même corps. »

C'est cette qualité de membres d'un même corps, qui est à l'origine du concept de mutualité que j'ai cité plus haut, que l'apôtre Jean exprime en ces termes dans 1 Jean 1v 7 :
« Si nous marchons dans la lumière, comme Il est lui-même dans la lumière, nous sommes mutuellement en communion, et le sang de Jésus nous purifie de tout péché. »

Etre mutuellement en communion, c'est être unis les uns aux autres, en raison de notre appartenance au royaume de la lumière, sous la gouverne de son roi, Jésus-Christ, lui-même.
L'Eglise, corps de Christ, est donc appelée à vivre ici-bas cette communion, ce partage que nous rappelle Paul dans 1 Corinthiens 12 v 27 :
« Vous êtes le corps de Christ, et vous êtes ses membres, chacun pour sa part. »

Les mots-clés qui vont nous permettre d'aller plus loin dans notre réflexion sont les suivants :
« l'un l'autre ou les uns les autres ».
Je vous propose donc de suivre ce fil conducteur pour découvrir ensemble, de façon pratique, ce qui découle de cette anastomose spirituelle.

a) l'anastomose spirituelle : un partage d'amour.

Pour ce faire, nous examinerons les uns après les autres les textes qui se réfèrent à nos mots-clés.
Romains 12 v 10 :
« Par amour fraternel, soyez pleins d'affection les uns pour les autres ; par honneur, usez de prévenances réciproques. » **(Louis Second)**

C'est le même terme grec « allelous » qui signifie, l'un l'autre, qui est traduit ici par, les uns les autres, et par, réciproque.
La version Darby semble rendre avec plus de précision le texte grec :
« Quant à l'amour fraternel, soyez remplis d'affection les uns pour les autres ; quant à l'honneur, étant les premiers à le rendre aux autres. »

Voici donc deux objectifs qui illustrent le partage auquel les membres du corps de Christ sont appelés, partage qui définira leur degré de communication et de communion.
- Soyez pleins d'affection les uns avec les autres !
Il n'est pas dit ; soyez affectueux avec les uns ou les autres, mais, pleins, remplis d'affection les uns pour les autres !
Autrement dit, apprenez à mettre en pratique, sans réserve ni restriction, ce partage d'entière affection, dans un va-et-vient gratifiant pour chacun et pour tous.
Tel est le premier objectif qui requiert de notre part une ouverture de cœur, une sainte anastomose envers chacun de nos frères, quels qu'ils soient. Tel est le premier objectif qui sera un des signes visibles de notre unité.
Cet objectif n'est pas facile à atteindre pour les multiples raisons faciles à imaginer, mais il est fondamental !
- Quant à l'honneur, étant les premiers à le rendre aux autres !
Notre texte nous suggère de considérer l'autre dans la dignité que lui confère son statut d'enfant de Dieu, ce qui doit nous conduire à l'honorer en tant que tel, et à le lui montrer par une attitude prévenante, respectueuse et aimante.
Or, le terme « allelous », l'un l'autre, exclut toute prééminence de l'un par apport à l'autre, mais tout au contraire, induit une identité de regard et d'attitude, l'un envers l'autre.
Un tel objectif devrait toujours être présent à notre esprit, si nous voulons véritablement être des acteurs dans la réalisation du vœu de notre Maître : qu'ils soient un comme nous sommes un !
Il ne fait pas de doute qu'une église qui tolèrerait en son sein une classification même non avouée de ses membres, serait une église atteinte d'une grave pathologie !
Un seul chemin pour atteindre cet objectif : celui de l'amour et de l'humilité !
Prière :

« Que le Seigneur nous aide, non seulement, à témoigner à notre frère une pleine affection, mais aussi, à lui rendre l'honneur qui lui est dû, lui que le Seigneur considère comme son enfant et comme son ami. Amen ! »

b) s'accueillir pour glorifier Dieu :

Romains 15 vv5 :
« Que le Dieu de la persévérance et de la consolation vous donne d'avoir les mêmes sentiments les uns envers les autres selon Jésus-Christ, afin que, tous ensemble, d'une seule bouche, vous glorifiez le Dieu et Père de notre Seigneur Jésus-Christ. Accueillez-vous donc, ou, acceptez-vous, les uns les autres, comme Christ vous accueillis, pour la gloire de Dieu ! »

Avant d'aller plus loin dans l'analyse de cette prière de Paul, je voudrais vous rendre sensibles aux motifs qui en justifient les deux propositions.
Il s'agit, rien moins, que la gloire même de Dieu, le Père de notre Seigneur Jésus-Christ !
Y a-t-il, cher lecteur, cher ami, motif plus élevé que celui qui en appelle à la gloire du Dieu trois fois Saint ?
Certes, il est vrai que le grand Dieu créateur, en raison même de sa transcendance, nous est difficilement saisissable et qu'Il échappe même à toute tentative de représentation mentale, laquelle s'achoppe irrémédiablement à son infinitude- ce pourquoi aucune image ne peut le représenter car Il est le Tout-Autre- cependant, Il s'est mis à notre portée par son incarnation en son Fils Jésus-Christ qui a pu dire, dans Jean 14 v 9-10 :
« Celui qui m'a vu, a vu le Père. Je suis dans le Père et le Père est en moi. »

Dès lors, en souscrivant aux deux vœux que Paul exprime dans sa prière, non seulement nous participons au rayonnement de la gloire de Dieu, mais, dans le même temps, et pour notre plus grand bénéfice, nous sommes introduits dans son intimité, comme des enfant devant leur père, conduits jusqu'à Lui, par Jésus-Christ son Fils lui-même, qui est l'image du Dieu invisible, selon la formule de Paul (Colossiens 1 v 15)

Dès lors, en souscrivant aux deux vœux que Paul exprime dans sa prière, non seulement nous participons au rayonnement de la gloire de Dieu, mais, dans le même temps, et pour notre plus grand bénéfice, nous sommes introduits dans son intimité, comme des enfant devant leur père, conduits jusqu'à Lui, par Jésus-Christ son Fils lui-même, qui est l'image du Dieu invisible, selon la formule de Paul (Colossiens 1 v 15)
l'a engendré, aime aussi celui qui est né de Lui. Nous connaissons que nous aimons les enfants de Dieu, lorsque nous aimons Dieu, et que nous pratiquons ses commandements. »

Ainsi, avoir les mêmes sentiments les uns envers les autres selon Jésus-Christ, c'est rien moins que reconnaître en celui qui aime Dieu, un frère à aimer et un frère sur l'amour duquel, on doit pouvoir compter.
Or, aimer selon Jésus-Christ, avoir les uns envers les autres les sentiments qui l'animaient, c'est apprendre à renoncer à soi-même et à ses désirs, fussent-ils légitimes, pour ne voir que l'intérêt et le bonheur de l'autre.
Un tel projet, pour rébarbatif qu'il puisse paraître aux yeux des hommes, recèle, en réalité, le secret du bonheur, tant il est vrai – et l'expérience le prouve- qu'il a plus de bonheur à donner qu'à recevoir, selon les paroles de Jésus-Christ dans Luc 14 v 12, paroles reprises par Paul dans Actes 20 v 35.

c) Aimer, un combat quotidien :

Cependant, et nous le savons pertinemment, un tel projet ne peut se réaliser que si certaines conditions sont remplies.
Nous ne sommes pas naturellement portés à aimer nos frères au point de le faire selon les normes qui nous sont décrites et qui furent vécues par notre Maître !
Tout au plus, pourrions-nous entretenir des liens amicaux avec certains frères plutôt qu'à d'autres, jusqu'au jour où ces liens se distendront pour de multiples raisons.

Il importe donc que nous fassions provision de cet amour surnaturel qui nous permettra d'aimer nos frères et de nous aimer les uns les autres avec les mêmes sentiments que ceux qui animaient notre Maître.
Telle est la condition première, essentielle, incontournable et nécessaire, qui implique que nos racines soient intimement imbriquées, anastomosées avec celles de notre Maître, duquel nous recevrons les principes vitaux dont l'agapè, source de tout sentiment agréable à Dieu.
La seconde condition découle de la première car elle en est la conséquence directe.
En effet, la nature de l'amour qui, désormais coule dans nos veines comme la sève montante, a une telle puissance de vie que nous sommes poussés et même pressés de le partager avec d'autres.
Ce fut l'expérience de Paul et de ses amis qu'il exprime aux Corinthiens dans 2 Cor 5 14 :
« Car l'amour de Christ nous presse ! »

C'est cette pression de l'amour de Christ en nous qui va favoriser ce processus de rencontre intime avec nos frères, allant jusqu'à entremêler nos racines dans une sainte anastomose qui permettra des échanges fructueux d'un amour, de sentiments, de pensées et d'actes, qui donneront à nos vies une dimension et une saveur nouvelles.
C'est ainsi que le cercle vicieux de l'orgueil et de l'égoïsme, fruit du péché, sera brisé ; tandis que sera inauguré le cercle vertueux de l'amour indestructible dont le centre affiche le nom glorieux de Jésus-Christ !

d) le triangle sacré :

L'expérience de la vie d'église montre que chaque fois que les liens entre frères se distendent, il faut en rechercher la cause dans une perte de communion et d'intimité avec le Sauveur.
La concrétisation de l'échange résumé dans la formule « l'un-l'autre », n'est possible que si l'un et l'autre sont en relation permanente avec le Tout-Autre.

En d'autres termes, la clé qui permet d'ouvrir la porte de nos cœurs à l'amour partagé, se trouve au centre du triangle sacré construit à partir de la triade : Jésus-Christ, mon frère et moi.
C'est sur la base de cette sainte structure, et sur elle seule, que l'Eglise doit se construire si elle veut glorifier le Dieu et Père de notre Seigneur Jésus-Christ.
C'est aussi en partant de cette même configuration que nous pourrons répondre à la seconde exhortation de Paul aux Romains :
« Accueillez-vous, ou acceptez-vous, ou recevez-vous les uns les autres, comme Christ vous accueillis, pour la gloire du Père. »

Ici encore, c'est la gloire de Dieu qui est le mobile principal de l'exhortation, car c'est bien de Lui que procèdent toutes choses bonnes, et c'est vers Lui qu'elles retournent, non sans avoir laissé leurs marques dans l'histoire des hommes. Souvenons-nous de la sève ascendante et de la sève descendante !
Une formule latine résume bien ce qui doit motiver toute vie foncièrement chrétienne :
Soli Deo gloria : à Dieu seul, la gloire !

e) s'accueillir : un puissant témoignage offert au monde :

En s'accueillant avec amour, les enfants de Dieu ouvrent leurs bras et leurs cœurs aux autres et donnent à voir au monde un nouveau type de société dans laquelle il fait bon vivre.
Ils manifestent ainsi qu'ils forment un seul corps, celui de Christ, qui les a aimés le premier.
L'apôtre Jean résume bien cette démarche salvatrice de notre Sauveur dans 1 Jean 4 v 19 :
« Pour nous nous l'aimons, parce qu'il nous a aimés le premier ! »
Sans cette démarche bénie, nous n'aurions jamais découvert les grâces qu'Il tenait en réserve pour chacun d'entre nous. Nous serions encore dans les ténèbres, antichambre ici-bas, de la mort.
Ainsi, s'accueillir les uns les autres, c'est aussi se préparer ensemble à l'accueil de l'autre, du prochain qui, découvrant les bienfaits d'une telle harmonie dans la communion, sera salutairement tenté d'en découvrir le secret.

f) s'exhorter les uns les autres, une nécessité vitale :

Romains 5 v 14 :
« Pour ce qui vous concerne, mes frères, je suis moi-même persuadé que vous êtes pleins de bonnes dispositions, remplis de toute connaissance, et capables de vous exhorter les uns les autres. »

En disant cela, l'apôtre Paul sous-entend que l'exhortation mutuelle est une nécessité vitale qui permet de maintenir fermement le lien qui unit les chrétiens.
Il connaît bien les diverses manœuvres de l'Adversaire pour que soit rompu le lien qui relie chaque sommet du triangle sacré.
Les épreuves diverses comme le deuil, la maladie, l'isolement, la vieillesse, le chômage, les espoirs déçus, les différents, sont autant d'occasions parmi d'autres que l'Adversaire saura exploiter pour ébranler la foi et émanciper les sentiments charnels.
L'exhortation mutuelle nous est donc présentée comme le moyen approprié pour faire échec à ce travail de sape.

Le sens étymologique du mot latin, exhortatio, est celui d'encouragement.
Cependant, le terme grec, nouthesia, renvoie à l'idée d'avertissement, voire de réprimande.
A cet égard, les traducteurs de la Bible de Jérusalem, en choisissant le terme, avertir, sont restés plus proches du texte grec que nombre d'autres versions.
Lorsque Paul fait état de la capacité des chrétiens de Rome de s'avertir les uns des autres, il souligne par là le haut niveau d'unité, de maturité spirituelle et de communication, qu'ils avaient atteint.

g) Veiller les uns sur les autres :

Cette exhortation rejoint celle de l'auteur de l'épître aux Hébreux ch 10 v 24 :
« Veillons les uns sur les autres, pour nous exciter à la charité et aux bonnes œuvres. »

Veiller sur nos frères, c'est donc se tenir près d'eux pour les avertir des dangers éventuels ; c'est aussi les encourager lorsqu'ils sont en détresse ; ce peut être aussi leur dire avec amour ce qui dans leur vie porte atteinte à la gloire du Maître.
Dans tous les cas, le but final, c'est de stimuler ses frères dans la croissance et le développement de l'amour, moteur de toute bonne œuvre.

Une telle capacité d'échanges est le signe de la maturité spirituelle d'une église dans laquelle chaque membre prend soin de ses frères.

L'apôtre Paul, écrivant aux Thessaloniciens, dans sa 1° épître ch 5 v 11, précise l'idée d'encouragement mutuel :
« C'est pourquoi, encouragez-vous les uns les autres, et édifiez-vous réciproquement. »

Il s'agit là d'un appel dont nous ne mesurons pas toujours l'importance dans nos interrelations.
En effet, outre le combat spirituel que chaque chrétien doit mener dans sa vie quotidienne pour rester fidèle dans son témoignage, il est conduit parfois à traverser des épreuves difficiles ou douloureuses qui peuvent être longues, qui justifient pleinement qu'elles soient prises en compte par la communauté.
C'est dans de telles circonstances que doit se manifester aussi, de façon concrète, l'unité du corps de Christ.

h) porter les fardeaux les uns des autres :

L'apôtre Paul qui a expérimenté la dure réalité de ces moments de souffrances et, en même temps la douceur du réconfort apporté par ses frères, s'adresse aux Galates pour leur rappeler l'importance et la nécessité d'une telle disposition du cœur : Gal 6 v 1-2 :
« Portez les fardeaux les uns des autres, et vous accomplirez ainsi la loi de Christ. »

De même, aux Corinthiens dans 1 Cor 12 v 25 :
« Que les membres aient soin les uns des autres. Si un membre souffre, tous les membres souffrent avec lui. »

Telle est la démarche d'amour et de partage que nous sommes appelés à avoir envers nos frères atteints par la maladie, par l'isolement dû à l'âge, par le chômage, par le deuil, ou qui vivent leur foi dans un contexte familial ou conjugal d'incrédulité voire d'opposition.
Or, ceci n'est rendu possible que si nos racines sont en contact les unes avec les autres et anastomosées avec celles de notre Maître.

VI) Conclusion :

Nous voici arrivés au terme de notre série de méditations sur les racines chrétiennes.
Après l'ancrage des racines de la foi et de l'espérance, puis la nourriture puisée dans le sol de la parole incarnée en Jésus-Christ, puis la croissance spirituelle et la fructification, nous avons terminé par les échanges au sein de l'église.

A chaque étape, nous avons relevé un nom qui revient en permanence, celui de Jésus-Christ !

Il est le Rocher des siècles sur lequel nos racines peuvent s'accrocher fermement.
Il est le sol nourricier qui nous apporte l'eau de l'Esprit et l'Amour qui vivifie.
Il est la source d'une vie éternelle qui nous assure une croissance permanente.
Il est l'origine de notre fructification par son Esprit versé en nous.
Il est, enfin, la racine centrale qui, reliée à chacune de nos racines, la foi et l'espérance, par une sainte anastomose, permet la vie dans son Eglise au travers d'échanges fructueux symbolisés par la formule familière, les uns-les autres.
Que le Seigneur Jésus-Christ qui est l'alpha et l'oméga, le commencement et la fin, qui a commencé en nous cette bonne œuvre et qui la poursuivra jusqu'à son parfait achèvement,
soit pour chacun de nous, cher lecteur, cher ami, cher frère, l'objet de notre reconnaissance, de notre adoration et de notre obéissance jusque dans l'éternité.

PARABOLE DE LA VISION

LES LENTILLES CORRECTRICES DE LA VISION SPIRITUELLE

« J'étais aveugle, et maintenant, je vois ! »

Jean ch 9 v 25

PARABOLE DE L'OEIL

Les lentilles correctrices de la vision spirituelle

Notes préliminaires

La vision spirituelle est d'une importance capitale dans l'appréciation des personnes et des faits, et constitue un terrain favorable au développement des erreurs de jugements, terrain propice à l'action de l'Adversaire dont l'objectif principal est de tromper les chrétiens et de semer la zizanie.
Nombreuses sont les églises qui ont souffert en leur sein de dissensions et, parfois, de séparations douloureuses consécutivement à des appréciations faussées sur tel ou tel de ses membres ou sur telle ou telle décision collective à prendre.
Le chrétien, en tant qu'individu, peut être induit en erreur, aussi bien dans le regard qu'il porte sur lui-même que dans les choix qu'il est amené à prendre,

La sagesse, que le Seigneur veut nous enseigner et nous voir pratiquer, relève précisément de la façon dont nous apprécions les situations et leur composants, et nécessite d'avoir un regard éclairé par le Saint-Esprit pour éviter toute fausse estimation préjudiciable à la vérité,

Nous nous sommes inspirés des textes bibliques et de l'observation du fonctionnement de l'oeil pour tirer les leçons spirituelles utiles au développement de notre vision spirituelle,

Cette série de méditations a été restructurée pour en faciliter la lecture tout en conservant la dynamique de sa forme orale d'origine.

Puissiez-vous, chers lecteurs, en tirer profit pour la seule gloire de Dieu !

Chapitre I : les défauts de la vision spirituelle

Textes bibliques

Jean 1 v 1-5 :
« Au commencement était la Parole et la Parole était avec Dieu, et la Parole était Dieu, Elle était au commencement avec Dieu, Toutes choses ont été faites par elle, et rien de ce qui a été fait n'a été fait sans elle, En elle était la vie, et la vie était la lumière des hommes, La lumière luit dans les ténèbres, et les ténèbres ne l'ont point reçue, »

Jean 18 v 12 :
« Jésus dit : je suis la lumière du monde ; celui qui me suit ne marchera pas dans les ténèbres, mais il aura la lumière de la vie, »

Jean 14 v 6 :
« Je suis le chemin, la vérité et la vie, »

Esaïe 19 v 18 :
« En ce jour là, délivrés de l'obscurité et des ténèbres, les yeux des aveugles verront, »

Psaumes 146 v 8 :
« L'Eternel ouvre les yeux des aveugles, »

Job 32 v 8 :
« C'est l'esprit, le souffle du Tout-Puissant qui donne l'intelligence, »

Ephésiens 4 v 23 :
« C'est en Christ que vous avez été instruits à être renouvelés dans l'esprit de votre intelligence, »

Jean 7 v 1 :
« „Pourquoi vois-tu la paille qui est dans l'oeil de ton frère et n'aperçois-tu pas la poutre qui est dans ton œil ? »

Jean 7 v 24 :
« Ne jugez pas selon les apparences, mais jugez plutôt selon la justice, »

2 Pierre 1 v 10 :
« **Faites tous vos efforts pour joindre à votre foi la vertu, à la vertu la science, à la science la tempérance, à la tempérance la patience, à la patience la piété, à la piété l'amour fraternel, à l'amour fraternel la charité.**
Car, si ces choses sont en vous, et y sont avec abondance, elles ne vous laisseront point oisifs ni stériles pour la connaissance de notre Seigneur Jésus-Christ.
Mais, celui en qui ces choses ne sont point est aveugle et il ne voit pas de loin, et il a mis en oubli la purification de ses anciens péchés, »

Romains 12 v 2 :
« Ne vous conformez pas au siècle présent, mais soyez transformés (métamorphosés) par le renouvellement de l'intelligence afin que vous discerniez quelle est la volonté de Dieu, ce qui est bon, acceptable et parfait, »

1 Corinthiens 2 v 14 :
 « L'homme animal (naturel, psychique) ne reçoit pas les choses de l'Esprit de Dieu, car elles sont une folie pour lui et il ne peut les connaître parce que c'est spirituellement qu'on en juge, L'homme spirituel, au contraire, juge de tout. »

1) Introduction

Je ne doute pas, cher lecteur, que la lecture de ces douze passages des Ecritures, vous ait aiguillé vers le thème central de notre méditation, Il ne vous a pas échappé que c'est à dessein que j'ai désiré associer des termes récurrents tels que : lumière, vérité, intelligence, apparences, obscurité et ténèbres, jugement, discernement, aveuglement.
Tous ces termes sont en rapport direct avec une fonction spirituelle de première importance qui est une des conséquences majeures de la nouvelle naissance, à savoir la vision spirituelle que l'Esprit Saint développe chez le chrétien, vision éclairée par la lumière de la vérité qui lui donne de voir, sous un jour nouveau, les tenants et les aboutissants du monde dans lequel il vit.

Comme nous l'avons lu, ce qui distingue l'homme psychique ou animal, que la Bible nomme le vieil homme de l'homme spirituel ou pneumatique, autrement dit, l'homme nouveau, c'est son niveau d'intelligence dans l'ordre des choses spirituelles,

2) la vision de l'homme naturel :

Sa vision du monde est circonscrite aux seuls horizons que ses sens et son intelligence limitée, lui permettent de saisir. Son regard ne porte que sur les choses visibles, passagères, et sa pensée ne se nourrit que d'éléments relatifs au terrestre et au matériel. De surcroît et tragiquement, l'homme naturel a comme objet de préoccupation favori, la satisfaction des intérêts insatiables et des désirs jamais assouvis de son Moi, de sa petite personne,
Jamais en paix avec lui-même, car toujours insatisfait, il ne saurait l'être avec les autres dès lors que ceux-ci empiéteraient sur son domaine réservé,
C'est ainsi que son champ de vision rétréci, terre-à-terre, égocentré, le confine à vivre comme dans un tunnel, seulement éclairé par des lumières artificielles dont les ombres dansantes sont autant de voiles masquant la réalité des choses et des êtres,
C'est ainsi que Satan, le prince des ténèbres, le père du mensonge, l'adversaire de Dieu, s'ingénie à tout mettre en œuvre pour maintenir dans cet état de cécité, de dépendance, d'aveuglement et de faux-

semblants, une humanité qui se complaît dans les demi-teintes de la pénombre,
L'apôtre Paul a magistralement décrit ce triste état, dans 2 Corinthiens 4 v 4 :
« Si notre Evangile est encore voilé, il est voilé pour ceux qui périssent, pour les incrédules dont le dieu de ce siècle a aveuglé l'intelligence, afin qu'ils ne voient pas briller la splendeur de l'Evangile de la gloire de Christ, qui est l'image de Dieu, »

3) La vision de l'homme spirituel :

L'homme spirituel est qualifié à juste titre d'homme nouveau,
Ayant tourné les regards vers celui qui a dit : « Je suis la lumière du monde », il a été saisi comme Saul de Tarse sur le chemin de Damas, par l'éclat de la beauté rayonnante d'amour du ressuscité, et sa vie tout entière en a été transformée, bouleversée, réorientée et réorganisée,
Cette fulgurante et inimaginable sortie du tunnel aux éclairages factices, l'a soudain immergé dans un flot de lumière si éblouissant que ses yeux ont dû cligner et s'en accommoder comme ceux de l'aveugle-né qui, au début de sa guérison voyait les hommes comme des arbres, jusqu'à ce que sa vision devienne claire et nette,

C'est alors que, peu à peu, un monde nouveau s'est révélé à lui,
Se sont succédé en de multiples tableaux aussi grandioses les uns que les autres, les images du Dieu créateur dans ses habits de souverain tout-puissant, mais aussi sous les traits aimants et accueillants du Père céleste ; les images de Jésus-Christ, son Fils dans sa tenue royale, assis à sa droite mais aussi, sous les traits si émouvants du divin crucifié ; le spectacle étonnant des populations angéliques qui, dans un va-et-vient incessant entre les cieux et la terre, servent leur créateur jour et nuit avec un zèle sans faille ; les images du peuple des rachetés, appelé l'Eglise, toute de blanc vêtue, Eglise souffrante mais toujours triomphante car portant la marque du sang de l'Agneau victorieux, Eglise réunissant dans une nouvelle fraternité aux liens indissolubles, tous ces hommes et ces femmes, aux visages rayonnants de la gloire de Dieu,
Eglise d'hier, Eglise d'aujourd'hui, Eglise de demain, Eglise éternelle car éternellement aimée de Christ, son Epoux ! Les images, enfin,

d'une humanité agonisante qui s'agite éperdument dans d'ultimes soubresauts qui témoignent de la profondeur du mal qui la ronge !

Tel est, cher lecteur, le spectacle nouveau et inédit qui s'offre, dans une révélation progressive au regard, à la pensée et à la méditation de ce nouvel homme spirituel, dont le plus ardent désir sera de soumettre sa volonté à celle de son nouveau Maître, Jésus-Christ son Sauveur, d'être animé par les mêmes sentiments d'amour que Lui, et de porter comme Lui un regard juste et clairvoyant sur toutes choses, en son honneur et pour sa gloire seule !

a) le combat de la vérité :

Nous serions tentés de penser que pour lui, désormais, tout est pour le mieux dans le meilleur des mondes spirituels possibles,
Ce serait faire là une funeste erreur que de croire cela, erreur dans laquelle l'Adversaire voudrait que nous tombions. Et certains y tombèrent qui, par un tragique égarement de la pensée, considérèrent que, sauvés par la grâce et protégée par elle, ils pouvaient impunément vivre leur vie, libres de toute loi et de toutes exigences, fussent-elles celles que la loi de l'amour-agapè porte en elle : « tu aimeras le Seigneur ton Dieu de toute ton âme, de toute ta force, de toute ta pensée et tu aimeras ton prochain comme toi-même ! »

L'homme spirituel, que je nommerai désormais du beau nom de chrétien, est engagé, dès sa nouvelle naissance, dans un combat, non pas acharné, car « il n'a pas à lutter contre la chair et le sang, mais contre les dominations, contre les autorités, contre les esprits méchants dans les lieux célestes. » selon Ephésiens 6 v 12, mais dans un combat spirituel, dans un bon combat, le combat de la foi.
Ce combat est un combat pour la Vérité, pour témoigner de la Vérité, pour que triomphe la Vérité !
Au travers de la personne de Jésus-Christ, de sa vie, de sa mort et de sa résurrection, la Vérité s'est exprimée dans toute sa perfection ; et bien qu'elle fut circonscrite dans notre temps et dans notre espace, ses effets ont une portée universelle sans limitation aucune,

Désormais, cette Vérité va traverser le temps et l'espace et s'universaliser au travers de l'Eglise et de chacun de ses membres dispersés sur la surface du globe,

« Cette bonne nouvelle du royaume sera prêchée dans le monde entier, pour servir de témoignage à toutes les nations, Alors viendra la fin » (Matthieu 24 v 14,)

b) l'amour, révélateur de la Vérité

La Vérité incarnée en Jésus-Christ dont nous sommes à présent les messagers et les porteurs, a comme moyen privilégié d'expression, l'amour-agapè, et comme corollaire, la justice,
Etant appelés à « professer la Vérité dans la charité », selon Ephésiens 4 v 5, le regard que nous devrons porter sur la marche du monde, sur nos frères en humanité et sur nos frères en la foi, devra impérativement répondre aux canons de la vérité, c'est-à-dire de la justice, de la justesse, de l'impartialité, de l'humilité et de l'amour,
En d'autres termes, nous devrons avoir une vision spirituellement éclairée dans notre appréciation des faits, et une intelligence renouvelée afin que nos jugements et nos choix soient conformes à leur réalité.
Ne nous fions pas aux apparences, car la réalité est au-delà !

c) pas de Vérité sans l'Amour !

Combien de souffrances, ne serait-ce qu'au sein de l'Eglise, combien de déchirures, combien de séparations auraient pu être évitées, si des jugements hâtifs, charnels, malavisés, inconsidérés, n'avaient été prononcés !
Il est des paroles plus acérées qu'un scalpel qui laissent des cicatrices indélébiles dans les cœurs, car il n'y a rien de plus blessant que les jugements erronés portés par ceux-là même qui se disent des frères, même s'ils ne sont pas intentionnels,

Porter atteinte à une vérité, c'est porter atteinte à la Vérité !
Il n'y a pas de petite vérité, de petit mensonge ; il y a, aux yeux de Dieu, la Vérité et le mensonge, la Vérité et l'erreur !

Seul Dieu juge les cœurs et les reins, et honte à moi, si en quelque manière, j'ai pu être l'auteur de ce qui est dénoncé plus haut !
Et, pardon au Seigneur si j'ai blessé l'un quelconque de ses enfants, mon frère bien-aimé et si souvent mal-aimé !

L'apôtre Paul s'exclamait, contrit dans Romains 7 v 19 :
« J'ai la volonté, mais non le pouvoir de faire le bien car je ne fais pas le bien que je veux, et je fais le mal que je ne veux pas…v 21 : je trouve en moi cette loi : quand je veux faire le bien, le mal est attaché à moi car je prends plaisir à la loi de Dieu, selon l'homme intérieur ; mais, je vois dans mes membres une autre loi qui lutte contre la loi de mon entendement, et qui me rend captif de la loi du péché, qui est dans mes membres,
Misérable que je suis ! Qui me délivrera du corps de cette mort ?
Grâce soit rendue à Dieu par Jésus-Christ, notre Seigneur ! »

Emouvant cri du cœur de ce grand apôtre qui nous livre ici, en des termes poignants, le combat spirituel dans lequel il est engagé, corps et âme !

Comme lui, chaque véritable enfant de Dieu a la volonté farouche de plaire à son Maître, volonté inscrite dans son cœur par le Saint-Esprit lui-même,
Ce n'est donc pas le terrain privilégié sur lequel l'Adversaire va exercer ses pressions.
C'est sur un terrain plus accessible car davantage propice à l'égarement, à l'aveuglement, à la séduction, à savoir celui de l'entendement, de l'intelligence, de la vision et de la pensée,

Ici encore, l'histoire des églises est truffée d'exemples d'enfants de Dieu, animés de la meilleure volonté qui ont commis d'irréparables dégâts, par des conseils bienveillants mais totalement incongrus et malvenus, car fondés sur une vision superficielle et donc erronée de la situation de leurs interlocuteurs,

C'est dire combien nous devons veiller à développer en nous, avec la lumière de l'Esprit-Saint et les clartés de la Parole de Dieu, cette vision, cette intelligence spirituelle qui nous permettra de vivre dans la Vérité,

4) Les défauts de la vision humaine :

Nous venons de le souligner, la plupart des erreurs de jugements sont liées à une appréciation ou à une compréhension erronée des faits, On peut donc parler de défauts de vision dont les origines sont multiples. Pour mieux en saisir les mécanismes, nous nous inspirerons des défauts de la vision humaine, en espérant que cette image nous permettra d'y voir plus clair !
Nous laisserons de côté les pathologies de type neurophysiologiques pour nous intéresser au seul système optique dont les mécanismes sont faciles à appréhender,

Tout d'abord, permettez-moi de vous exposer un bref aperçu de l'anatomie de l'oeil, avant d'aborder ses dysfonctionnements, à savoir ses défauts qui perturbent la vision elle-même.

a) anatomie de l'oeil :

Globalement, l'oeil se présente comme une sphère constituée de 4 dioptres, éléments transparents qui vont être traversés par la lumière et par l'image observée,
De l'extérieur vers l'intérieur, nous reconnaissons la cornée, puis un liquide, l'humeur vitrée, puis une lentille biconvexe, le cristallin, et enfin, l'humeur aqueuse.
Entre la cornée et le cristallin, faisant office de diaphragme, se situe la pupille percée de l'iris qui s'ouvre ou se ferme selon l'intensité lumineuse.
Tout au fond de l'oeil, on découvre la rétine qui fait office de plaque sensible comme les capteurs des appareils de photos numériques.
Cette merveilleuse mécanique, dont je n'ai donné qu'un minime aperçu, peut parfois être affectée de certains défauts dont quelques-uns vous sont connus.

b) les défauts de l'oeil :

b1) Les défauts dits « de réfraction » :

Ces défauts concernent la forme même de l'oeil,
– Ainsi en est-il de la myopie ! L'oeil myope est dit « en forme de ballon de rugby » ce qui se traduit par une image qui est projetée en avant de la rétine, Le myope voit bien de près, mais flou de loin,
– A l'inverse, l'hypermétrope, dont l'oeil est trop plat, verra l'image projetée en arrière de la rétine, Du coup, il verra nettement de loin, mais flou de près,
–
–Enfin, l'oeil atteint d'astigmatisme voit flou des images qui sont déformées, car les courbures de sa cornée, verticales et horizontales, sont irrégulières.

b2) les défauts liés à l'âge :

Le second type de défauts lié à l'âge, porte le nom de presbytie et conjugue les défauts de la myopie et de l'hypermétropie. Pour lire le journal, il faut allonger les bras, mais allonger le cou ne suffit pas pour voir de loin !
Il s'agit ici, d'un défaut d'accommodation du cristallin lié à son durcissement qui l'empêche de voir sa courbure se modifier en fonction des besoins,
Enfin, un autre défaut lié à l'âge, mais aussi à la prise de corticoïdes ou au diabète, affecte le cristallin, est bien connu sous le nom de cataracte.
Cette pathologie se signale par une diminution de la transparence du cristallin, par son opacification et par une baisse de la vue,
Il ne fait pas de doute que les malheureux qui sont affectés par l'une ou l'autre de ces pathologies, sans pouvoir bénéficier de lentilles correctrices, ont une vision faussée des réalités qui les entourent et courent de graves dangers !
Ainsi en est-il sur le plan spirituel !

5) Les défauts de la vision spirituelle

- Il y a les myopes spirituels qui ne voient que de près, qui ne s'attachent qu'au détail et qui jugeront tel frère sur un seul aspect de sa vie spirituelle, sur le petit écart qui les aura choqués, ne discernant pas la courbe ascendante d'une vie toute vouée au service du Maître, Chrétiens charnels au regard à ras de terre, à courte vue !

- Il y a les hypermétropes qui ne voient que ce qui est loin, et qui, a contrario, sont aveugles aux petits pas, aux petits progrès que leur frère aura accomplis avec la grâce de Dieu, Ils voudraient les voir déjà parvenus à un état de perfection qu'ils n'ont pas atteints eux-mêmes, Chrétiens charnels de type hyper-spirituel,

- Il y a les astigmates qui voient tout sous un prisme déformant,
Où que vous soyez dans leur champ visuel, vous leur apparaîtrez soit trop gros, soit trop maigres, soit trop grands, soit trop petits,
Jamais vous ne trouverez grâce à leurs yeux car, de surcroît, ils sont persuadés d'être dans le vrai,
Leur orgueil a déformé leur cornée et affecté leur intelligence spirituelle,

- Il y a aussi les presbytes spirituels qui voient mal de près comme de loin, En vieillissant, ces chrétiens qui ont vécu , se sont claquemurés dans leurs schémas de pensée et refusent d'affronter tout changement, précautionneusement repliés sur leurs certitudes et leurs principes.
Ils n'ont pas compris que l'Evangile apportait sa lumière vivifiante et qu'il était porteur d'une dynamique d'adaptation en tous lieux et à toute époque,
Aveugles aux changements que Dieu opère devant leurs yeux, ils le sont aussi devant les avancées de l'Evangile partout dans le monde où il est annoncé.
Ce défaut de vision les conduit à porter des jugements sans appel, abrupts et faussés, révélant autant la rigidification de leur cœur que celle de leur cristallin.

- Que dire, enfin, de ceux qui sont touchés par la cataracte spirituelle qui affecte principalement ceux qui sont avancés en âge, Certains, au cours de leur vie ont accumulé toutes sortes de connaissances aussi bien théologiques que profanes. L'orgueil aidant, une image de soi hypertrophiée- car la connaissance enfle- les ont peu à peu conduits à voir le monde selon leurs propres critères, délaissant les lumières divines pour celles acquises au travers de leur expérience. Leur regard s'est alors opacifié, leurs jugements se sont sécularisés, humanisés, et, s'ils discernent
encore la lumière de la vérité, c'est comme au travers d'un halo.

6) Conclusion :

Comme vous l'avez compris, la Vérité, dans quelque domaine que ce soit, ne souffre d'aucune approximation. Etant des enfants de lumière, nous devons tout mettre en œuvre pour que rien dans nos vies, dans nos comportements, dans nos paroles, ne vienne en ternir l'éclat.
S'il est vrai que notre volonté nous pousse à servir notre Maître, il n'en est pas moins vrai qu'aussi bonne soit-elle, elle ne pourra bien s'exprimer qu'en étant servie elle-même par une intelligence spirituelle exercée, vigilante et clairvoyante.
C'est ce qui s'appelle « la sagesse d'en haut » que le Seigneur accorde à qui la Lui demande.

Pour ce faire, et afin d'éviter les erreurs de jugements ou les erreurs de choix, laissez-moi vous rappeler les sages recommandations que Pierre nous a laissées, et qui sont de nature à nous prémunir contre les défauts de vision énumérés et à les corriger, si c'est le cas.

Il s'agit de huit lentilles correctrices, qui nous permettront de
« professer la vérité dans l'amour », dont nous aurons l'occasion de détailler les qualités particulières dans les chapitres qui suivent.
Faisons tout nos efforts pour joindre à notre foi la vertu, la science, la tempérance, la patience, la piété, l'amour fraternel et la charité !

Celui en qui ces choses ne sont pas, est aveugle !

Prière

Que le Seigneur Dieu tout-puissant nous éclaire,
Que son Fils, Jésus-Christ soit notre lumière,
Que l'Esprit-Saint ouvre les yeux de notre intelligence et de nos cœurs,
Pour la seule gloire du Dieu Trois fois saint ! Amen !

Chapitre II : les lentilles correctrices de la vision spirituelle :

la foi et la vertu

1) Textes bibliques

Romains 1 v 21 : Texte concernant tous les hommes vivant sans Dieu.
« Ils se sont égarés dans leurs pensées, et leur cœur sans intelligence a été plongé dans les ténèbres, Se vantant d'être sages, ils sont devenus fous et ils ont changé la gloire du Dieu incorruptible en images représentant l'homme corruptible, des oiseaux, des quadrupèdes et des reptiles. »

Romains 12 v 2 :
« Ne vous conformez pas au siècle présent, mais soyez transformés par le renouvellement de l'intelligence afin que vous discerniez ce qui est bon, acceptable et parfait. »

Jean 7v 24 :
« Ne jugez pas selon les apparences, mais jugez selon la justice. »

1 Corinthiens 2 v 5 :
« l'homme spirituel juge de tout. »

Jacques 1 v 22 :
« Mettez en pratique la parole et ne vous bornez pas à l'écouter, en vous trompant par de faux raisonnements. »

1 Timothée 1 v 5-6 :
« Le but du commandement, c'est une charité venant d'un cœur pur, d'une bonne conscience et d'une foi sincère, Quelques-uns, s'étant détournés de ces choses, se sont égarés dans de vains discours. »

2) Introduction

Les textes que nous venons de lire sont pour nous une manière d'invitation à réfléchir sur cette merveilleuse faculté dont le divin Créateur a doté l'homme, à savoir l'intelligence.

Cependant, comme nous l'avons lu, cette capacité à comprendre le monde dans ses multiples composantes, dans ses tenants et aboutissants, dans ses aspects moraux, spirituels aussi bien que physiques ou dans ses ressorts psychologiques, cette formidable aptitude s'est vue en un jour privée des lumières ou plutôt de la lumière divine qui lui permettait de jeter un regard éclairé sur la nature, la place et la fonction des choses et des êtres.

C'est ainsi que le comble de l'égarement de la pensée fut atteint lorsque l'homme sculpta dans de la pierre ou du bois, des images sensées représenter des divinités, écartant d'un coup de ciseau, l'idée même du seul vrai Dieu, créateur des cieux et de la terre dont les œuvres se voient comme à l'oeil nu.

L'erreur était si manifeste, si criante, si outrageante, qu'inspiré par l'Esprit Saint, l'apôtre Paul n'hésitera pas à qualifier cette attitude du terme fort de folie,

Or, le sommet de cette folie, le comble de la perversité d'un tel raisonnement, à l'origine de comportements aussi infondés qu'ineptes, prend toute sa dimension dans la prétention des hommes à être sages !

Suprême affront que l'homme jette à la face de Dieu, suprême atteinte qu'il porte à la Vérité, marque indélébile de la fausseté de ses raisonnements, de son incapacité à juger des faits dont l'évidence saute aux yeux, signe manifeste de son aveuglement !

Aveugle sur Dieu, l'homme pécheur, plongé dans l'obscurité, l'est aussi sur lui-même, sur sa propre condition, tout autant que sur ses semblables.

Prompt à se surévaluer, à se surestimer, à s'auto-pardonner, son regard sur son prochain aura par atavisme, la fâcheuse tendance à souligner ses défauts qu'il verra comme une paille, tandis qu'il occultera chez lui, des défauts de la dimension d'une poutre !

Nous serions tentés, face à un tel constat, d'adopter une attitude empreinte d'une sévérité sans complaisance, de nourrir des sentiments d'extrême réprobation envers nos semblables.

Agir ainsi serait manifestement faire preuve, à notre tour, d'un singulier aveuglement, coupable et indigne de notre état immérité d'enfants de Dieu !
Ce serait oublier les trésors d'amour et de grâce que Dieu lui-même a déployés pour le salut des pécheurs dont nous sommes !
Ce serait oublier que si la lumière divine de l'Evangile n'avait dessillé nos yeux, nous serions nous aussi enfermés dans les mêmes ténèbres et sujets aux mêmes errements !
Ce serait, enfin, oublier que, faute de vigilance, faute de communion avec l'Esprit de Vérité, faute de contacts réguliers avec sa Parole de vie, nos pensées prendraient parfois les chemins de traverse obscurs que nous sommes prompts à dénoncer chez les autres,
L'appel de l'apôtre Paul à être « métamorphosés » par le renouvellement de notre pensée, de notre esprit, de notre intelligence, n'a rien de superflu, mais, tout au contraire, s'impose à chaque chrétien qui désire être un témoin fidèle de la vérité et un serviteur approuvé de Dieu,

3) Les chemins d'une intelligence éclairée

La question qui se pose à nous est donc la suivante :
Quels chemins emprunter, quelles précautions prendre, quels moyens utiliser pour que notre vision des choses, pour que notre compréhension et donc nos jugements, soient conformes à ce que Dieu lui-même perçoit dans sa lumière, des faits, des événements et des êtres auxquels nous sommes confrontés ?
En d'autres termes, que dois-je faire pour que la lumière de Dieu éclaire mon parcours, pour que ma pensée ne s'égare pas, pour que je ne sois ni aveugle, ni myope, ni hypermétrope, ni astigmate autant de défauts de la vision qui induisent l'intelligence dans l'erreur ?

Pour répondre à cette question de première importance, je vous propose de suivre les conseils avisés que nous a laissés l'apôtre Pierre dans sa deuxième épître au chapitre 1 des versets 3 à 11 :
« Comme sa divine puissance nous a donné tout ce qui contribue à la vie et à la piété…à cause de cela même, faites tous vos efforts pour joindre à votre foi la vertu, à la vertu la science, à la science la

tempérance, à la tempérance la patience, à la patience la piété, à la piété l'amour fraternel, à l'amour fraternel la charité,
Car, si ces choses sont en vous et y sont en abondance, elles ne vous laisseront point oisifs ni stériles pour la connaissance de notre Seigneur Jésus-Christ,
Mais, celui en qui ces choses ne sont point, est aveugle, il ne voit point de loin, et il a mis en oubli la purification de ses anciens péchés. »

La fin de ce texte sonne à nos oreilles comme un avertissement pour nous prévenir d'un danger qui guette tout enfant de Dieu, celui de devenir aveugle sur la réalité des choses et en particulier sur son propre état spirituel, Cette cécité, nous est-il dit, trouve son origine dans l'oubli que le Seigneur nous a purifiés de nos anciens péchés,
Un tel oubli porte en soi de néfastes conséquences !
Néfastes, car elles signent un éloignement de la personne du Sauveur et de l'influence bénéfique de son contact !
Néfastes, car elles induisent un comportement de contentement de soi, d'autosatisfaction, d'indépendance, ainsi que d'un sentiment de supériorité !
Néfastes, enfin, car elles génèrent à l'égard des autres et des frères en la foi, des attitudes de jugement sans complaisance semblables à celle du pharisien à l'égard du publicain !

a) Dieu en action sur notre chemin !

Fort heureusement, le début du texte se présente à nous en des termes dynamiques, propres à conforter l'exhortation de Pierre, en raison même des fondements inébranlables et riches de promesses qu'ils offrent à notre pensée.
Jugez-en plutôt !
« Comme sa divine puissance nous a donné tout ce qui contribue à la vie et à la piété ! »

Chers amis, chers lecteurs, quel que soit votre âge, quelle que soit votre condition présente, cette parole s'adresse à chacun de vous avec force, pour que votre âme garde bon pied, bon œil ;

pour que votre foi et votre espérance soient plus vivaces que jamais, et si l'Adversaire vous oppresse d'une manière ou d'une autre, pour que vous puissiez redresser la tête en portant le regard sur Celui qui peut tout en tous.
N'oubliez jamais que sa divine puissance nous a donné tout ce qui contribue à la vie !
Cette parole est valable en toutes circonstances : que vous soyez abattus par l'épreuve et tentés de baisser les bras, ou que vous soyez dans une période sans nuages propice à oublier le Seigneur.
Dans un cas comme dans l'autre, les tentations de l'Adversaire ont toujours un caractère pernicieux,

Notez bien que Pierre n'a pas écrit :
« Sa divine puissance nous **donnera** tout, mais, nous **a tout donné** ! »

Cela signifie qu'à tout moment, si j'en appelle au secours et à l'aide divins, les ressources nécessaires et adaptées me seront accordées par l'Esprit-Saint qui est à l'écoute du moindre de mes soupirs !

b) Le chrétien en action au côté de Dieu :

Nous comprenons mieux pourquoi l'apôtre Pierre introduit son exhortation par ces termes :
« A cause de cela, faites tous vos efforts pour joindre à la foi, la vertu… »

C'est bien parce que Dieu tient en réserve pour chacun de ses enfants des ressources insoupçonnées mais bien réelles, que Pierre nous exhorte à en prendre possession.
Et, c'est bien aussi, parce que Dieu ne s'impose pas à nous mais qu'Il désire notre entière adhésion, que Pierre sollicite notre volonté propre dans ce processus de développement de l'homme nouveau.
Et, c'est bien aussi, parce qu'il connaît, à l'instar de Paul, l'âpreté du combat spirituel qui se livre en chacun de nous, que Pierre commence son exhortation par ces mots :
« Faites tous vos efforts. »
Nous le savons par expérience, la vie chrétienne est un combat spirituel et il importe que nous possédions les armes nécessaires pour

en sortir vainqueurs, à commencer par une bonne vision du champ de bataille.

4) Les lentilles correctrices pour une vision nette

Après cet appel à un engagement total de nos forces, l'apôtre Pierre énumère huit vertus chrétiennes sans lesquelles, dit-il à la fin, nous sommes aveugles.
Il sous-entend que chacune d'elles contribue à nous assurer une vision claire et une compréhension juste de ce que nous observons.
Je vous propose donc de passer à la loupe chacune de ces vertus qui sont autant de lentilles, lesquelles, ajoutées les unes aux autres, nous permettront de voir clairement et nettement le sujet observé, pour nous en donner une pleine intelligence.

a) Les objets de notre observation :

Je vous propose donc un exercice de travaux pratiques pour mettre en œuvre les conseils de Pierre et pour en apprécier la pertinence.
Les sujets d'observation et de réflexion sont nombreux et variés, ils peuvent porter sur l'évolution des sociétés aussi bien que sur celle des églises.
Je vous suggère donc, à titre d'exemple, de circonscrire notre observation à la façon dont nous regardons nos frères dans la foi et plus particulièrement, ceux avec lesquels nous avons le moins d'affinités naturelles, ou encore, ceux qui correspondent le moins à l'image standard que nous nous faisons du chrétien.
Je vous invite donc à chausser les lunettes de l'Esprit en les dotant successivement des huit lentilles que nous offre gratuitement l'apôtre Pierre, de la part du Seigneur.
Souvenons-nous que le but final de cette démarche est de discerner ce qui est bon, agréable et parfait.

b) la lentille de la foi :

En premier lieu, Pierre nous enjoint d'utiliser ce que nous appellerons « la lentille de la foi ».
J'entends certains se poser la question :
« Mais, en quoi la foi peut-elle influencer le regard que je porte sur mon frère ? »

b1) un contre-exemple de regard sur les frères

Certes, je sais bien que moi-même, j'ai mes défauts- le nier serait mentir- mais, cela n'est rien à côté des nombreuses qualités que je tairai par modestie ! Mais, ce cher frère, que j'aime bien au demeurant, est un boulet pour l'église, il est tatillon, ergoteur et il met des heures à comprendre des choses à la simplicité évangélique ! Ou celui-là qui passe son temps à donner des conseils, comme si Dieu l'avait mandaté pour cela ! Certes, il s'acquitte de sa tâche sans acrimonie mais plutôt avec componction, mais, à la longue, cela devient insupportable ! Et que dire de cet autre, par ailleurs jovial et d'un commerce agréable mais qui prend l'église pour un self-service ! Il vient au culte quand ça lui chante, et en dehors de cela, on ne le voit jamais ! Ou encore, cet autre frère passé maître dans le maniement des concepts théologiques, expert en citations bibliques mais qui, sur le plan pratique ou matériel, fait penser à ces jeunes apprentis pour lesquels l'usage du balai fait figure de pensum !

Avouons-le tout net, le regard de notre observateur fictif sur ces cas de figure qui ne représentent tristement qu'un maigre échantillon de ce que peut donner à voir l'Eglise dans ses diversités locales, est loin de souscrire à ce que le Seigneur attend de ses enfants !
Dès lors, reposons-nous la question : en quoi la lentille de la foi peut-elle m'aider à porter sur mon frère le regard que le Seigneur porte sur lui ?

b2) Voir ses frères avec la lentille de la foi

Si l'on se réfère à ce qu'en a dit l'auteur de l'épître aux Hébreux au chapitre 1 v 1 :

« La foi est l'assurance des choses qu'on espère, et la démonstration de celles qu'on ne voit pas »

Autrement dit, la foi nous permet de voir ce qui est loin et lointain. Elle nous permet aussi de saisir et de nous approprier les promesses divines.
Parmi ces promesses il en est une qui n'est pas sans importance, dans Philippiens 1 v 6 :
« Je suis persuadé que Celui qui a commencé en vous cette bonne œuvre, la rendra parfaite pour le jour de Jésus-Christ ».

Combien il nous est aisé et réconfortant d'appliquer cette parole à notre propre cas !
Combien il nous est doux de la saisir par la foi en nous disant, à juste titre, que le Seigneur est bon et combien Il est fidèle !
Mais, combien il nous est plus difficile de l'évoquer lorsqu'il s'agit d'un frère ou d'une sœur qui, pour une raison ou une autre, nous indispose ou nous indiffère !!

Nous oublions que, comme nous, ils sont en devenir, en reconstruction, sur le même chemin de sanctification que nous ; que le Seigneur est à leurs petits soins comme pour nous également ; qu'Il use d'autant de patience envers eux qu'envers nous !

Chausser les lunettes de la foi, c'est voir notre frère, non plus seulement tel qu'il est, en l'instant,
mais tel qu'il deviendra, modelé avec patience par les mains expertes du Divin Sculpteur.
Mieux, c'est l'apercevoir plus loin encore, en l'état de perfection absolue, révélé au grand jour de la résurrection !
Mais, le regard par la foi n'embrasse pas que le futur, il permet aussi ce que j'appellerai une rétrovision sur ce que Dieu a réalisé dans le passé. C'est ainsi, par exemple, que par la foi, selon Hébreux 11 v 1 :
« Nous reconnaissons que le monde a été formé par la parole de Dieu, en sorte que ce qu'on voit n'a pas été fait de main d'hommes, »

Selon ce même principe, nous pouvons saisir par la foi, l'oeuvre de régénération, de re-création que le Seigneur a opérée, par la nouvelle naissance, dans le cœur de notre frère.
Et, de même que nous sommes portés à la louange devant les beautés de la création, nous devrions l'être davantage encore devant celles que nous donnent à contempler les changements manifestés dans la vie de notre frère, en dépit de ses lenteurs, de ses inerties ou de ses travers de caractère !

La lentille de la foi, parce qu'elle nous permet un regard éclairé sur le passé et sur l'avenir, nous permet de voir le présent sous un jour nouveau, et modifie avantageusement l'image décriée et incomplète de notre frère en la foi.
C'est ainsi qu'elle nous assure une vision optimiste qui, au-delà des apparences négatives en noir et blanc, ravive et redonne les couleurs du spectre de la lumière divine.
La lentille de la foi donne aussi du relief aux êtres et aux faits, aplatis par notre vision terre-à-terre et à courte vue.
En nous donnant du recul et de la hauteur, la foi nous permet, en surplombant les situations présentes, de les mettre en perspective et de mieux discerner l'oeuvre de la main du Seigneur.

Il nous apparaît alors, comme ce fut le cas d'Elizabeth qui enfanta Jean Baptiste à un âge avancé, que « rien n'est impossible à Dieu : » (Jean 1 v 37).
C'est cette grande vérité qui doit être le moteur de notre foi, vérité attestée solennellement par Jésus-Christ lui-même lorsqu'Il s'adressa au jeune homme riche :
« Ce qui est impossible aux hommes est possible à Dieu, » (Luc 18 v 37)

Les exigences de la Vérité nous imposent donc, en toutes circonstances, et quels que soient les objets de notre observation, de les regarder au travers de la lentille de la foi, dont le champ de vision n'est pas de 90°, ni de 180° mais de 360°, embrassant le passé, le présent et l'avenir.

c) La lentille de la vertu :

La seconde lentille que Pierre nous enjoint d'utiliser est celle de la vertu.

Le terme grec « areten » exprime, outre des qualités physiques, des qualités morales que traduisent bien les mots suivants : intelligence de l'âme, courage, énergie morale, force, vaillance.

Le terme utilisé en latin est celui de « virtus ». Il désigne l'amour et la pratique du bien ainsi que le courage. Dans la Rome antique, ce terme était attribué aux actions méritoires accomplies en particulier par les soldats courageux (lat : vir : homme). Il ressort de l'ensemble de ces définitions que l'opposé de la vertu est la faiblesse et la lâcheté.

En quoi, la lentille de la vertu peut-elle nous aider à voir plus clairement telle ou telle situation ou tel ou tel frère ?

c1) exemple à ne pas suivre

La vie d'une église ne s'écoule pas comme un long fleuve tranquille et il arrive parfois que la charge des anciens ou pasteurs soit lourde à porter et difficile à accomplir.

Le Seigneur Jésus en est pleinement conscient lorsqu'Il s'adresse à ses disciples dans Matthieu 18 v 1 à 18, et qu'Il leur indique la marche à suivre pour ramener un frère qui a péché sur la voie de la sainteté.

L'Eglise, colonne et appui de la vérité, sur laquelle les yeux du monde sont braqués à l'affût de toute défaillance ou de tout écart des principes évangéliques qu'elle incarne, ne saurait tolérer ni souffrir des comportements immoraux ou des déviations de doctrine qui terniraient son chef, Jésus-Christ et jetteraient sur sa sainte personne un nouvel opprobre,

Faute d'avoir eu le courage de voir la vérité en face et d'avoir pris les mesures douloureuses mais salutaires qui s'imposaient, certaines églises ont périclité voire disparu, ayant toléré en leur sein, soit des membres aux écarts de conduite avérés, soit le développement d'enseignements pernicieux contraires à la saine doctrine.

c2) la vertu, un exemple à suivre :

La lentille de la vertu a donc de multiples effets :
–Elle permet d'avoir le courage de voir la réalité du péché et de l'erreur sans complaisance et sans faiblesse.
–Elle permet d'avoir la force d'aller vers le frère fautif, de plaider la cause de la pureté de l'Evangile au nom du divin crucifié, des souffrances qu'Il a endurées sur la croix pour son salut, et de l'exhorter à abandonner sa mauvaise voie.
–Elle permet aussi de porter sur soi-même le regard lucide de celui qui sait qu'il est un pécheur, certes pardonné, car c'est ce regard qui est le garant d'une attitude humble et compatissante envers le frère ou les frères abusés par l'Adversaire.

La lentille de la vertu, c'est aussi cette intelligence de l'âme qui sait dissocier le péché qu'il faut combattre, du pécheur qu'il faut convaincre et reconquérir.
C'est enfin, la lentille au travers de laquelle nous pouvons regarder notre frère avec un amour vrai qui recherche, dans le rétablissement de la vérité, son redressement et sa réhabilitation.
C'est être animé du saint désir de voir son frère à nouveau debout, comme un homme libéré de l'emprise du péché, comme un homme vertueux devant Dieu. Souvenons-nous que le mot vertu est issu du mot latin « vir-viris » qui signifie : homme !

Mais la lentille de la vertu ne concerne pas que le regard que nous devons porter sur les autres.
Elle doit être utilisée en priorité sur soi-même pour débusquer les germes du mal qui se seraient développés dans notre cœur parfois à notre insu, faute de vigilance. Dès lors, c'est à elle que nous devons avoir recours pour avoir la force et le courage d'éradiquer de nos vies tout sentiment, toute pensée, toute habitude qui relèveraient du péché, nous privant d'une communion sans ombre avec notre Maître et ternissant notre témoignage.

Chausser les lunettes de la vertu, c'est donc, en définitive, pouvoir se regarder et regarder le monde, et pouvoir agir sur nous-mêmes et sur lui avec courage, lucidité, sans complaisance ni compromission, dans l'intérêt supérieur de la vérité incarnée en Jésus-Christ, de la gloire éternelle du Dieu trois fois saint, et du salut éternel des pécheurs.

5) Conclusion :

« Ne jugez pas selon les apparences, mais jugez selon la justice » autrement dit, selon ce qui est vrai.
Telles sont les paroles même du Seigneur :
« Soyez transformés par le renouvellement de l'intelligence afin que vous discerniez ce qui est bon, acceptable et parfait ».
Telles sont les paroles que l'apôtre Paul adresse aux chrétiens de Rome et à tout enfant de Dieu.,

A n'en pas douter, ces paroles ne sont pas tombées dans les oreilles d'un sourd lorsque Satan les entendit !
Lui qui nous est présenté comme le père du mensonge, met tout en œuvre pour travestir la vérité, déformer les faits et fausser le jugement,
Ruiner l'oeuvre de Dieu dans les cœurs, discréditer l'Eglise en la conformant au monde par l'utilisation de tous les moyens possibles constituent le but ultime de son entreprise de démolition.
Plus que jamais, les chrétiens doivent être conscients de cette réalité.
Nous sommes engagés dans une véritable guerre spirituelle dans laquelle l'Adversaire mobilise toutes ses forces.
Aucune petite victoire ne l'indiffère. Il sait qu'une simple erreur de jugement, qu'un simple écart chez un enfant de Dieu, peut entraîner une église dans la catastrophe, et il s'en réjouit et s'en félicite.
Savez-vous ce qui a conduit au naufrage le Titanic, le plus grand, le plus sûr, le plus majestueux des paquebots du début du siècle ? Une échancrure de quelques mètres sur la partie avant droit d'un navire qui mesurait plus de 100 mètres !
De petites causes peuvent donc produire de grands effets !

C'est ainsi qu'une erreur de conduite dans un moment de faiblesse peut ternir toute une vie de consécration, et parfois même, stopper net un ministère fructueux, ébranlant toute une église

et la privant de nombreux bienfaits, sans parler des effets négatifs sur l'extérieur.
C'est ainsi qu'un jugement hâtif, suscité souvent par l'orgueil ou la jalousie, porté sur un frère, peut avoir les mêmes conséquences dévastatrices que dans le cas précédent.

« Veillez et priez en tout temps afin de paraître debout devant le Fils de l'homme ! » disait le Seigneur à ses disciples dans Luc 21 v 36.
« Veillez, soyez sobres, votre adversaire le diable rôde comme un lion rugissant, cherchant qui il dévorera. Résistez-lui avec une foi ferme. » rappelait Pierre à ses proches (1 Pierre 5 v 8).

Souvenons-nous que le terme « diable » du grec : diabolos, signifie : le calomniateur, et que la calomnie consiste à ternir la réputation, l'honneur de quelqu'un par des accusations mensongères !

Veillez et priez !

-**Veiller** : être vigilant, telle est donc notre part dans le combat spirituel. Mettre en œuvre toutes les ressources reçues de Dieu. Autrement dit, faire tous nos efforts pour détecter la présence de l'Adversaire dans le moindre recoin de nos vies et alentour.

-**Prier**! : Autrement dit, s'en remettre entièrement au pouvoir souverain illimité de la grâce et de la bonté divines.

Veiller, pour discerner le danger, pour voir le mal là où il siège, pour avoir le courage de le nommer après l'avoir démasqué, pour se porter au secours d'un frère en danger, pour défendre les valeurs de l'Evangile lorsqu'elles sont mises à mal.
Une telle attitude qui requiert volonté, énergie, courage, intelligence de l'âme et lucidité, nous est rendue possible en utilisant la lentille de la vertu.
C'est alors que nous serons des hommes debout selon le cœur de Dieu !

Prier enfin, pour nous remettre entièrement entre les mains de Dieu pour qui rien n'est impossible, c'est chausser les lunettes de la foi !

Comme par un effet de zoom, cet objectif qui permet de fermer ou d'ouvrir l'angle de vue, la foi nous permet de balayer le temps, révélant l'action passée, présente et à venir de Dieu.
C'est ainsi que la vie de tel frère ne s'offrira plus à nous comme un instantané figé dans le temps et l'espace, dans un raccourci réducteur et faussé de la réalité, mais dans une perspective dynamique, éclairante et révélatrice des interventions providentielles et bienfaisantes du Dieu d'amour.

Le prophète Esaïe s'écriait au chapitre 15 v 20 de son livre :

« Malheur à ceux qui appellent le mal bien et le bien mal, qui changent les ténèbres en lumière et la lumière en ténèbres ! »

Pierre, quant à lui, nous exhorte dans le même sens, lorsqu'il dit :
« Faites tous vos efforts, pour joindre à votre foi, la vertu, la science, la tempérance, la patience, la piété, l'amour fraternel, et la charité »

Prière : Que le Seigneur nous aide et nous encourage dans cette démarche salutaire !

Chapitre III : la science

1) Texte biblique

« Faites tous vos efforts pour joindre à votre foi la vertu, à la vertu la science,...,
Celui en qui ces choses ne sont point est aveugle, il ne voit pas de loin. » 2 Pierre 1 v 5 et suivants.

2) Introduction

Nous abordons le troisième volet de notre série de méditations qui a débuté par une réflexion sur les défauts de la vision, inspirée par l'exhortation de l'apôtre Paul à être « transformés par le renouvellement de l'intelligence », (Romains 12 v 2 / Ephésiens 4 v 23).

Nous avons souligné combien il était important que notre regard sur les choses et les êtres soit éclairé par la lumière de la vérité, afin que nos jugements qui inspirent nos actes, soient conformes à la pensée et à la volonté de Dieu. Il nous est apparu que l'Adversaire, le père du mensonge, s'ingéniait à interposer des filtres déformants entre les objets de notre observation et notre regard, dans le seul but d'en fausser la perception et d'obscurcir notre intelligence. Nous avons pu constater combien cette tactique pouvait être efficace et dévastatrice en vertu du principe avéré qu'une petite cause pouvait avoir de grands effets.
Fort heureusement, notre Dieu qui est souverain et prodigue en conseils de sagesse, ne nous a pas laissés démunis. Désirant nous rendre participants de sa nature, Il nous a donné par sa divine puissance tout ce qui contribue à la vie et à la piété.
C'est ainsi que, pour nous éviter d'être égarés par de faux raisonnements fondés sur une vision faussée de la réalité, il a mis à

notre disposition huit instruments d'évaluation efficaces pour discerner le vrai du faux, le bien du mal.
Encore faut-il que nous nous en saisissions et que nous les utilisions ! Car, c'est bien là que réside le premier danger à éviter, celui de se laisser entraîner à la paresse d'esprit, solution de facilité suggérée par notre vieil homme prompt aux jugements expéditifs !

« Faites donc tous vos efforts ! » n'est donc pas un conseil superfétatoire, mais, au contraire, s'inscrit dans la logique du dépouillement du vieil homme et du revêtement de l'homme nouveau, démarche qui ne peut se concevoir qu'en termes d'engagement, de volonté active, d'énergie spirituelle déployée, de vigilance et de prière.

C'est ainsi que le second volet s'est ouvert sur la découverte des deux premières lentilles correctrices : la foi et la vertu.

La lentille de la foi permet une observation des faits replacés dans le temps et dans l'espace, non plus statique mais dynamique. Embrassant tout à la fois, le passé, le présent et l'avenir, elle discerne l'action de Dieu dans le devenir du sujet ou de l'objet observé. La foi se saisit de la réalité présente, non pas comme dans un état irréversible, définitivement installé, mais dans la perspective d'une évolution positive entre les mains de Dieu, pour qui rien n'est impossible.

La lentille de la vertu ! C'est celle qui permet d'affronter la réalité, alors même que sa vision peut être dérangeante et déstabilisante, surtout lorsque les situations auxquelles nous sommes confrontées sont difficiles et douloureuses à voir, et particulièrement celles qui nous obligent à une remise en cause personnelle !
Dans bien des cas, nous avons tendance à minimiser le mal ou pire à faire comme si nous n'avions rien vu.
La lentille de la vertu est la lentille de la lucidité et du courage.
Non seulement, elle éclaire notre intelligence dans le discernement du mal, mais, de surcroît, elle nous donne le courage de le dénoncer et d'y porter remède dans une démarche d'amour pour la vérité.
A travers elle, nous pouvons porter un regard d'amour vrai, impartial, sans complaisance et sans faiblesse, sans compromission, un regard

d'homme debout devant Dieu, rendu capable de défendre la vérité avec fermeté mais aussi avec douceur.

3) la lentille de la science

La troisième lentille est celle de la science.
Le terme grec «gnosis » peut être traduit par le mot « connaissance » ou par « l'action de connaître ».
Le mot science provient du latin « scientia » qui se traduit aussi par « savoir ». Il désigne la connaissance que l'on a de quelque chose.
Il s'agit donc d'une notion qui embrasse de larges horizons et qu'il convient que nous circonscrivions aux domaines qui nous sont suggérés par notre texte.
En l'occurrence, celui-ci ne manque pas de clarté. Nous lisons, en effet, à la suite de l'énumération des huit qualités requises pour ne pas être aveugle, la phrase suivante :
« Si ces choses sont en vous, et y sont avec abondance, elles ne vous laisseront point oisifs ni stériles pour la connaissance de notre Seigneur Jésus-Christ ».

J'entends certains se poser la question :
« Mais, en quoi et comment le fait de connaître Jésus-Christ peut-il éclairer mon intelligence et me donner une vision plus juste de la réalité » ?

a) connaître Jésus-Christ

Pour répondre à cette question, la première chose à faire est de nous interroger sur ce que nous apporte une meilleure connaissance de notre Maître, et quels en sont les effets dans notre façon de saisir les réalités de notre quotidien.
Je ne vous étonnerai pas si je vous dis que la connaissance de Jésus-Christ devrait être l'objet permanent de notre recherche et de nos pensées.
Etant tout à la fois fils de l'homme et fils de Dieu, totalement homme et totalement Dieu, Il est à même de nous faire découvrir et connaître comment la pensée de Dieu, dans ce qu'elle recèle de vrai, de bon et de juste, peut s'exprimer dans une vie d'homme.

J'ai présenté Jésus- Christ comme étant totalement homme et totalement Dieu, Pour être plus précis et plus conforme à la vérité, j'aurais dû dire que Jésus était parfaitement homme et parfaitement Dieu.

C'est ainsi que revêtu de tous les attributs moraux que lui conférait sa divinité, l'homme Jésus nous apparaît sous la livrée de l'Homme parfait en toutes choses.

C'est cette perfection unique dans l'histoire de l'humanité qui, précisément, va susciter chez les hommes, soit une aversion, un rejet ou de la haine, qui les conduiront à l'éliminer par la crucifixion, soit, au contraire, susciter une admiration, un engagement et un amour tels qu'ils seront prêts à donner leur vie en témoignage de fidélité et de reconnaissance.

b) Jésus-Christ révèle Dieu

Connaître le Seigneur Jésus-Christ, c'est donc apprendre à connaître à travers Lui, Dieu lui-même.

C'est ce que Jésus exprime en ces termes dans Luc 10 v 22 :
« Toutes choses m'ont été données par mon Père, et personne ne connaît qui est le Fils, si ce n'est le Père, ni qui est le Père si ce n'est le Fils, et celui à qui le Fils veut le révéler ».

L'apôtre Jean termine le prologue de son évangile par ces paroles révolutionnaires (Jean1v18) :
« La grâce et la vérité sont venues par Jésus-Christ, Personne n'a jamais vu Dieu ; le Fils unique, qui est dans le sein du Père, est celui qui l'a fait connaître ».

C'est donc en vertu de cette annonce et en concordance avec elle que Jésus prononça ces mots éternels, dans Jean 14v 6, que je vous invite à laisser entrer dans vos cœurs :
« Je suis le chemin, la vérité et la vie, Nul ne vient au Père que par moi. Si vous me connaissiez, vous connaîtriez aussi mon Père. Et dès maintenant, vous le connaissez et vous l'avez vu ».

Connaître Christ, c'est donc connaître Dieu comme un Père, source de toute vie.

Connaître Christ, c'est découvrir, outre les perfections de son être divin, ses plans d'amour en faveur de ses créatures égarées. Il leur offre gratuitement un salut éternel, pourvu qu'elles reconnaissent en son Fils Jésus-Christ celui qui a porté sur la croix la peine de leur péché, et qui a subi à leur place le châtiment exigé par la justice divine.

c) connaître Christ, la voie par excellence

Connaître Christ dans cette perspective, c'est donc découvrir tout à la fois les exigences de la justice de Dieu, et l'étendue infinie de sa grâce et de son amour.

L'apôtre Paul, s'adressant aux Philippiens (ch 3 v 8-10) associe judicieusement la connaissance de Christ et la puissance de sa résurrection. Et au verset 8, il nous révèle le secret de sa vie :
« Je regarde toutes choses comme une perte, à cause de l'excellence de la connaissance de Jésus-Christ, mon Seigneur, pour lequel j'ai renoncé à tout ».
Or, en parlant de l'excellence de la connaissance de Christ, l'apôtre n'en appelle pas seulement aux perspectives offertes au jour de la résurrection, mais il se réfère à ses effets immédiats, dans le présent de sa vie : je regarde, j'ai renoncé !

Connaître Christ doit donc avoir, pour Paul, un impact dans notre vie au quotidien.

Connaître Christ, c'est donc penser comme Il a pensé, c'est aimer comme Il a aimé, c'est regarder le monde comme Il l'a regardé, c'est agir comme Il a agi, c'est prier comme Il a prié, c'est se soumettre à la volonté du Père comme Il s'y est soumis !

Connaître Christ :
C'est aimer son prochain comme soi-même.
C'est aimer ses frères sans réserve, avec humilité.

C'est aimer et servir son église avec fidélité.
C'est aimer son ennemi et apprendre à pardonner.
C'est juger spirituellement et non point selon les apparences.
C'est être doux et humble de cœur.
C'est être sensible aux besoins des autres, à leurs détresses.
C'est être capable d'endurer l'injustice.
C'est savoir user de patience en toute situation éprouvante.
C'est pleurer sur la condition de ceux qui se perdent.
C'est ne pas faire de discrimination dans la dispensation de notre amour ou de l'annonce du salut.
C'est ne pas s'attacher aux biens matériels ou aux valeurs terrestres qui ne durent pas.
C'est rechercher en toutes choses la seule gloire de Dieu, notre Père céleste.
C'est cultiver le saint désir de Lui plaire, de réjouir son cœur et de Lui rendre honneur et gloire.

Connaître Christ, c'est bien plus encore que ce que suggère cette liste forcément limitée, de ce que son amour en nous peut générer.
« L'amour de Christ surpasse toute intelligence » disait Paul aux Ephésiens (3v19).

Connaître Christ, c'est donc chausser des lunettes aux multiples foyers.
Elles nous permettent, en découvrant la personne du Fils, de découvrir le Père dans ses actions passées, présentes et à venir, dans la logique divine portée par son amour et sa justice parfaite.
Elles nous permettent, en découvrant la personne du Fils, de nous émerveiller de la beauté d'une vie d'homme animée par des pensées et des sentiments portés à leur perfection, exempte de tout péché, de toute malfaçon, de toute erreur, de tout égarement, de toute duplicité, de tout mensonge, de tout orgueil, de tout calcul, de toute malignité, de toute méchanceté, de toute obscurité, de tout parti-pris, etc…
Les lunettes de la science de Christ, nous permettent aussi de porter un regard éclairé sur nous-mêmes, sur notre condition de pécheurs, sur les travers de notre nature, sur les zones d'ombre de notre vie, mais aussi, de discerner l'action miraculeuse de l'Esprit-Saint qui, sans

cesse, s'applique à nous aider à progresser sur la voie de la sanctification.

Connaître Christ, le découvrir chaque jour davantage dans ses perfections, c'est donc nous conduire sur le chemin ardu de l'humilité en même temps que sur celui de la reconnaissance et de l'adoration.

Connaître Christ, c'est aussi regarder les autres, non avec nos propres critères souvent discriminatoires, ou avec nos préjugés, mais avec le regard de notre Maître !
Les autres, les incroyants que nous côtoyons chaque jour, les autres, nos frères en la foi.

Mais, connaître Christ, c'est aussi savoir analyser les courants de pensées, les évolutions des mœurs, les orientations et les tendances modernes à la lumière des enseignements bibliques inspirés par l'Esprit même qui anima le Seigneur Jésus-Christ.
C'est ce que sous-entend l'apôtre Paul lorsqu'il écrit aux Romains les paroles suivantes (12v2)
 « Ne vous conformez pas au siècle présent, mais soyez transformés par le renouvellement de l'intelligence. »
L'apôtre Pierre, sachant l'opposition que devront subir les disciples, les exhorte et les conseille de façon pragmatique dans 1 Pierre 3 v 15 :
 « Sanctifiez dans vos cœurs, Christ le Seigneur, étant toujours prêts à vous défendre, avec douceur et respect, devant quiconque vous demande raison de l'espérance qui est en vous, et ayant une bonne conscience, afin que, là même où ils vous calomnient comme si vous étiez des malfaiteurs, ceux qui décrient votre bonne conduite en Christ, soient couverts de confusion. Car, il vaut mieux souffrir, si telle est la volonté de Dieu, en faisant le bien qu'en faisant le mal ! ».
Sanctifiez dans vos cœurs, Christ le Seigneur !
Pierre reprend ici, différemment formulé, ce qu'il écrira dans sa 2° épître ch 3 v 18 :
 « Croissez dans la connaissance de Jésus-Christ ! »
Pour lui, connaître Christ est un impératif qui conduit à attribuer au Seigneur toute la place dans nos vies.

Ainsi, connaître Christ, c'est entrer dans son intimité et le laisser entrer dans notre propre intimité ; c'est le découvrir et le laisser nous découvrir ; c'est lui réserver une place à notre table, dans notre bureau, sur notre lieu de travail, dans nos activités de loisir ; c'est aussi accepter qu'Il soit à nos côtés lors de rencontres avec nos amis, nos voisins ou nos collègues et à fortiori lors des rencontres avec les frères en la foi.

Connaître Christ, c'est partager avec Lui nos pensées les plus intimes, nos certitudes et nos doutes, nos emballements et nos réticences, nos attirances et nos répulsions, nos émois et nos tristesses, nos regrets et nos satisfactions, nos enchantements et nos désenchantements, nos illusions et nos projets, nos abattements et nos joies, nos espérances et nos désespoirs.

Connaître Christ, c'est donc infiniment plus que connaître sa biographie !
C'est entrer en symbiose avec Lui, s'unir à Lui spirituellement, c'est se nourrir de Lui dans ce dialogue, parfois silencieux mais riche de sa présence, qui porte le nom de prière.
Et c'est au cours de cette démarche active, bien qu'en apparence passive, que le Seigneur, par l'action de son Esprit de vérité, éclaire notre intelligence et nous dévoile sa volonté en nous donnant de discerner le bien du mal, gage d'une conscience pure et bonne.

A la lumière de tout ce que nous venons de découvrir ou de redécouvrir, nous sommes en mesure de répondre à la question initiale qui nous a guidés dans notre réflexion :

« Comment, le fait de connaître Christ, peut-il éclairer notre intelligence et nous donner une vision juste de la réalité ? ».

d) Connaître Christ : le summum de la science

La réponse est simple et limpide !
En apprenant à mieux connaître le Seigneur Jésus-Christ, c'est-à-dire en le découvrant dans le quotidien de sa vie, dans ses rapports avec son Père céleste, avec ses disciples, avec ses amis comme avec ses

ennemis, avec les Juifs comme avec les païens, avec les hommes comme avec les femmes, avec les malades comme avec les bien-portants, avec les petits enfants comme avec les vieillards, avec les gens instruits comme avec les gens simples, avec les autorités comme avec les parias.

Découvrir Jésus-Christ en prise directe avec ces réalités si proches des nôtres, c'est découvrir les sentiments et les pensées qui l'animaient et qui dictaient ses actes. C'est en discerner les mobiles résumés en deux mots : l'amour et la vérité !
C'est dans le même temps, et grâce à l'action de son Esprit en nous, être pénétré par ces mêmes sentiments qui changent le regard sur l'autre, sur les circonstances ou sur les mentalités ; c'est selon l'apôtre Paul, être renouvelé dans son intelligence.

Nous comprenons mieux, désormais, cet appel que nous lance le même apôtre dans Philippiens 2 v 5 : « Ayez en vous les sentiments qui étaient en Jésus-Christ », ou cet autre, adressé aux Éphésiens ch 5 v 1 : « Soyez donc les imitateurs de Dieu, »
Est-il nécessaire, cher lecteur, que je poursuive plus loin ma démonstration sur l'utilité de la lentille de la science comme instrument indispensable à notre vision spirituelle ?

e) la miséricorde, au cœur de Dieu, Père, Fils et Saint-Esprit

Ne semble-t-il pas évident qu'avant toute décision, tout projet d'action, tout jugement, nous ne devions nous poser la question suivante : Que penserait, que dirait, que ferait Jésus à notre place ?

Et, cependant, pouvons-nous dire qu'en toutes circonstances, c'est cette démarche que nous avons spontanément ou volontairement suivie ?
Je crains que votre réponse comme la mienne, à ma grande confusion, ne soit négative.

Permettez-moi, pour nous aider à y voir plus clair, d'illustrer mes propos par l'évocation de quelques épisodes de la vie de notre Maître

qu'il conviendra à chacun de transposer dans son contexte pour en tirer des leçons spirituelles utiles.
Ce qui relie entre eux les événements que je vais brièvement relater, c'est le regard courageux, non conformiste que Jésus porte sur certaines catégories de personnes qui, à son époque, subissent la réprobation, l'ostracisme voire la haine de leurs semblables.
Jésus, s'affranchissant des préjugés et des tabous de la société juive, s'attire alors les foudres des chefs religieux juifs.
Voici ce qu'il leur répond (Matthieu 9 v 9-13) :
« Ce ne sont pas ceux qui se portent bien qui ont besoin de médecin, mais les malades. Allez et apprenez ce que signifie : je prends plaisir à la miséricorde et non aux sacrifices, car je ne suis pas venu appeler des justes, mais des pécheurs ».
Le ton est donné et la raison avouée : la miséricorde ! Le terme grec « eleos » peut aussi se traduire par pitié et compassion.
La miséricorde et la compassion sont souvent conjuguées ensemble :
2 Rois 13v23 : « l'Eternel leur fit miséricorde et Il eut compassion d'eux »
Jacques 5v11 : « le Seigneur est plein de miséricorde et de compassion »

La miséricorde exprime le sentiment ressenti par le cœur devant la misère d'autrui,
La compassion exprime le sentiment par lequel nous partageons la souffrance d'autrui.

La miséricorde, lorsqu'elle est vraie et sincère, ne peut que déboucher sur la compassion.
Le sentiment de la misère d'autrui ne peut que déboucher sur le partage de sa souffrance.
Ainsi, l'une ne va pas sans l'autre. L'une et l'autre sont comme génétiquement liées car elles procèdent d'un principe supérieur qui est l'amour-agapè.

C'est ce principe éternel que Jésus-Christ va incarner tout au long de sa vie et dont l'expression la plus parlante se manifestera lors du sacrifice de sa vie sur la croix du Calvaire !

Connaître Christ, c'est donc porter sur nos semblables un regard de miséricorde et de compassion !
Ce n'est pas méconnaître le mal ou le péché qui les affecte, mais c'est reconnaître leur misère spirituelle, compatir à leur triste condition et leur montrer le chemin de la guérison.
Il s'agit tout simplement de les regarder comme Christ les regarde et de les aimer comme Christ les aime !
C'est donc cet amour qui renverse les barrières sociales et culturelles, qui va conduire Jésus à défrayer la chronique.

C'est ainsi que Matthieu, au chapitre 9v10 de son évangile, nous décrit une scène où Jésus est assis à table avec ses disciples et, nous est-il rapporté, avec beaucoup de publicains, de gens de mauvaise vie !
Un rabbi juif qui mange avec des publicains ! Horreur et damnation !
Des publicains ! Des collaborateurs juifs chargés de collecter les impôts et les droits de passage !
Des voleurs patentés au service des fermiers généraux romains, qui en profitaient pour exiger des sommes supérieures à celles qu'ils versaient au trésor public, pratique autorisée par la loi !
Vous pouvez imaginer la triste renommée dont ils jouissaient auprès de leurs coreligionnaires !
La réalité est plus crue encore car ils étaient détestés, rejetés par la société, et le même sort était réservé au cercle de leurs amis !
Et, Jésus était assis à table avec ces gens-là !
Imaginez la tête des « bons chrétiens » bien-pensants de l'époque, ceux qui étaient fiers de s'appeler « pharisiens ».
Manifestement, ils ne portent pas sur ces pauvres gens, par ailleurs souvent riches, le même regard que Jésus ! « Ce sont les malades qui ont besoin de médecin » leur dira le Maître.

Mais, voici que Jésus va faire plus fort encore, lors d'un passage à Jéricho.
Cette fois-ci, il ne s'agit pas d'un simple percepteur, mais du chef des publicains. Probablement, un des fermiers généraux juifs qui avait acheté sa charge aux enchères. Il est très riche et s'appelle Zachée. Il cumule tout ce dont les juifs ont en horreur !

Et que fait Jésus ? Il l'appelle par son nom et s'invite dans sa maison à la grande joie de Zachée qui le guettait du haut d'un sycomore, une espèce de figuier.
Murmures dans la foule ; « il est allé loger chez un homme pécheur ! ».
Décision de Zachée : « je donne aux pauvres la moitié de mes biens et si j'ai fait tort de quelque chose à quelqu'un je lui rends au quadruple ! ».
Formidable révolution dans le cœur de cet homme, suscitée par le regard et l'appel de Jésus, le seul à lui avoir témoigné une attention amicale !
Il a suffi pour cela que Jésus lève les yeux vers lui alors perché sur son arbre et qu'il lui parle !
« Le salut, dit Jésus, est entré aujourd'hui dans cette maison, parce que celui-ci est aussi un fils d'Abraham ! Car, le fils de l'homme est venu chercher et sauver ce qui était perdu ! ».

Mais, Jésus va plus loin encore dans l'expression de sa miséricorde et de sa compassion, tout en sachant que vont se dresser les barrières de l'incompréhension et de la haine.

En effet, de retour de Capernaüm, après avoir guéri un paralytique et alors que la foule le presse,
il voit, assis au bureau des péages, un publicain du nom de Lévi, fils d'Alphée.
Jésus s'adresse alors à lui et lui dit : « suis-moi ! » Et cet homme se leva et le suivit !

Or, ce Lévi portait aussi le nom de Matthieu, celui-là même qui écrivit l'évangile éponyme !
Matthieu le péager, le publicain, le rejeté, entre, lui aussi, dans le premier cercle des disciples du Christ !

Nous pourrions détailler avec bonheur les nombreuses occasions au cours desquelles le regard de Jésus va bousculer les traditions et balayer les préjugés et les tabous de son époque.

Il suffirait pour cela d'évoquer la façon dont il aborda la femme adultère, l'officier romain, le centenier, les lépreux et même les petits enfants écartés par ses disciples, et tant d'autres encore !

4) Conclusion :

« Faites tous vos efforts pour joindre à votre foi la vertu, à la vertu la science…Celui en qui ces choses ne sont point, est aveugle !»

Prière :

« Que la lentille de la science et de la connaissance de Jésus-Christ, éclaire notre regard de la lumière de la miséricorde et de la compassion, pour la seule gloire de Dieu ! ».

Chapitre IV : la tempérance

1) Texte biblique

2 Pierre 1 v 6 :
« Faites tous vos efforts pour joindre à votre foi la vertu, à la vertu la science, à la science la tempérance…Celui en qui ces choses ne sont pas est aveugle, il ne voit pas de loin ».

2) Introduction

Les trois précédentes études nous ont donné l'occasion de découvrir en quoi la foi, la vertu et la science étaient de nature à corriger les défauts de notre vision du monde, des êtres et des faits. Vision déformée et affaiblie, voire totalement obscurcie par les effets délétères de la corruption du péché sur notre intelligence spirituelle.
La cécité est une des pathologies les plus invalidantes. Non seulement elle prive celui qui en est affecté du plaisir de découvrir avec émerveillement les beautés de la nature, riche de formes et de couleurs multiples ; non seulement il lui est interdit d'embrasser du regard les perspectives qu'offrent les paysages montagneux ou les couchers du soleil sur une mer rougeoyante ; non seulement il lui est impossible d'être saisi de ravissement devant l'étendue scintillante d'un ciel piqueté d'étoiles, mais, de surcroît, il lui est refusé de se découvrir lui-même à travers l'image que renvoie le miroir. Les visages de ceux qu'il aime ne lui sont perceptibles que par les formes qui lui sont transmises par le toucher que sa pensée parera de teintes imaginaires.

Triste condition que celle de l'aveugle qui marche en tâtonnant dans les ténèbres, se heurtant au premier obstacle, risquant à chaque instant de se blesser ou de chuter, obligé d'avoir recours à une aide extérieure pour effectuer les gestes les plus élémentaires du quotidien !

Telle est aussi la condition de l'homme naturel qui, sur le plan spirituel avance à tâtons dans un environnement obscur et ténébreux.

Telle peut être aussi celle du chrétien qui néglige d'avoir recours aux instruments d'optique que le Seigneur met à sa disposition. Faute d'en faire un usage permanent, l'enfant de Dieu ne pourra éviter les pièges ou les obstacles dressés devant lui par l'Adversaire, au risque d'être entraîné dans des chemins d'égarement au bout desquels il ne rencontrera que désillusion, tristesse et amertume.
Nous avons découvert qu'en utilisant la lentille de la foi, son regard, embrassant le passé, le présent et l'avenir, y discernait l'action permanente d'un Dieu tout puissant, jamais en repos, toujours en action en faveur de ceux qu'Il aime. Avec la lentille de la vertu, le chrétien reçoit l'assurance qu'en toute situation, le Seigneur lui donnera la force et le courage de servir la vérité et de la défendre, quoiqu'il en coûte. Avec la lentille de la science, c'est-à-dire de la connaissance de Christ, il découvre en Lui le modèle à imiter, l'exemple à suivre qui lui permettra, en toute circonstance, de faire les bons choix, de juger justement, en un mot, d'être vrai dans l'amour.

3) La lentille de la tempérance

Voici donc que l'apôtre Pierre nous convie à joindre à la science, la tempérance !
Il convient donc de nous interroger sur l'utilité d'une telle vertu pour avoir une vision spirituelle éclairée.
Le terme grec « egkrateion » se traduit par modération, empire de soi, maîtrise de soi, self-control.
Le dictionnaire Littré, utilisant le terme latin « temperantia » qui signifie modération, retenue, en donne la définition suivante : vertu qui modère les passions et les désirs.
Nous l'avons bien compris, la tempérance consiste donc à se tenir à l'écart de tout ce qui est excessif et précipité, Or, ces excès embrassent tous les domaines de la vie, que ce soit les pensées, les paroles ou les actes.
Ce n'est pas pour rien que l'apôtre Paul classe la tempérance dans la catégorie des fruits de l'Esprit, dans Galates 5 v 22 :
« Mais, le fruit de l'Esprit, c'est l'amour, la joie, la paix, la patience, la bonté, la bienveillance, la fidélité, la douceur, la tempérance »
Luc nous rapporte dans Actes 24 v 25, que Paul, convoqué par Félix, gouverneur et procurateur de Judée, époux de Drusille (fille du roi

Hérode Agrippa 1er qui était juive), s'entretint avec eux et leur parla sur les trois thèmes suivants, la justice, la tempérance et le jugement à venir !
C'est dire l'importance que Paul accordait à ce sujet !

4) L'intempérance et ses méfaits

Il ne lui avait pas échappé, pas plus qu'à nous, que le manque de modération, de retenue, de maîtrise de soi constituait une des faiblesses majeures de l'être humain, autrement dit, un des fruits de la chair frappée du sceau du péché qui en est son principe.
Les effets de l'intempérance, de l'inaptitude à juguler et à modérer ses passions, ses désirs, ses appétits, ses pensées, ses paroles et ses actes, sont clairement désignés par l'apôtre Paul dans Galates 5 v 19.
Il distingue en premier lieu les excès liés aux pulsions et aux désirs malsains : l'impudicité, l'impureté, la dissolution ; puis, les égarements spirituels : l'idolâtrie et la magie qui peuvent conduire aux meurtres rituels (Moloch) ; ensuite, il dénonce les dysfonctionnements relationnels tels que les inimitiés, les querelles, les jalousies, les divisions et les sectes ; enfin, l'apôtre pointe ce qui se rapporte aux appétits tels que l'envie, l'ivrognerie, les excès de table.

Il ne fait aucun doute que dans chacun de ces domaines, l'observateur impartial, doté d'un minimum
de lucidité et d'honnêteté, saura diagnostiquer l'origine de tels débordements.
Il s'agit bien là de l'incapacité naturelle chez l'homme à se maîtriser, à se contrôler, à se retenir.
Or, comme nous avons pu le constater, toutes les sphères des activités humaines sont tragiquement affectées par cette infirmité originelle, qu'il s'agisse de l'individu, de la famille, du milieu professionnel, des cités aussi bien que des nations.
Il n'est pas jusqu'à l'Eglise elle-même qui n'en subisse les effets destructeurs dès lors qu'elle met sous le boisseau cette parole lumineuse de Paul :
« Ceux qui sont à Jésus-Christ ont crucifié la chair et ses passions. Si nous vivons par l'Esprit, marchons aussi selon l'Esprit ! ».

Et, comme Paul est un fin observateur de l'âme humaine, et qu'il ne se cache pas la réalité, il prend soin d'ajouter à l'adresse des chrétiens de Galatie et donc à nous aussi :
« Ne cherchons pas une vaine gloire en nous provoquant les uns les autres, en nous portant envie les uns les autres ! » Il s'agit bien là d'un exemple de manque de maîtrise de soi !
Cette remarque de Paul n'est pas anodine et nous conduit à penser qu'au sein de l'église locale, un des principaux dangers réside dans le risque de rupture de relations harmonieuses entre ses membres par manque de tempérance.
Certes, l'intempérance, dans les domaines comportementaux ou moraux évoqués plus haut, peut conduire tel ou tel chrétien à des excès dont le caractère grossier sera facilement démasqué et, dans ce cas, le frère incriminé sera alors invité avec amour et fermeté à s'amender (Matthieu 18) ; mais, il est un domaine où les effets et les manifestations de ce travers sont moins visibles, moins criants, mais tout aussi nocifs pour l'église : il s'agit du manque de tempérance dans le domaine de la pensée, du raisonnement et du jugement.
En l'occurrence, nous devons avouer que, par nature, nous sommes spontanément conduits à porter sur les autres, que ce soit des groupes ou des individus, des jugements hâtifs, ou à prononcer des paroles sentencieuses dénuées de réflexion de fond et souvent excessives.
Il s'agit là, rien moins que des caricatures qui ont pour spécificité de grossir les traits, lesquels font ressortir les défauts au détriment des qualités !
Or, la caricature n'exprime en rien la vérité ou la réalité puisqu'elle la déforme en chargeant le trait (latin tardif : carricare= charger).
Par parenthèse, nous ne devons pas oublier que derrière toute caricature se cache une intention satirique, polémique ou péjorative !
Il est vrai que telle n'est pas, le plus souvent, l'intention première du chrétien lorsqu'il exprime sans nuance une opinion sur tel ou tel frère, sur telle église ou sur tel mouvement.
Ce faisant, il est une chose certaine, c'est que ses propos intempestifs ne lui sont dictés, ni par la sagesse, ni par l'amour fraternel, ni par un esprit de tempérance !
Mais, le mal est dit et le mal est fait, par manque de tempérance, par manque de retenue, par manque de modération, par manque de maîtrise de ses pensées et de ses sentiments !

En un mot, nous pouvons définir un tel état par le terme d'aveuglement !
Or, cet aveuglement, qui en l'espèce découle d'un manque de réflexion et de trop d'empressement, est un aveuglement qui affecte deux niveaux de vision : sur soi-même et sur les autres.
En effet, le regard que je porte sur autrui est toujours affecté par l'image que j'ai de moi-même, laquelle agit comme un filtre.
Plus j'aurai une haute opinion de moi-même, plus j'aurai tendance à la renforcer, à l'embellir en dévaluant les autres. Tel est le réflexe atavique de ma vieille nature !

5) Jésus-Christ, l'exemple parfait de la tempérance :

La parole de Dieu nous enseigne une attitude qui est à l'opposé de ce modèle, et elle nous en donne un exemple parfait, celui de Jésus-Christ.
Toute sa vie a été marquée du sceau de l'humilité. Il ne s'est pas présenté aux hommes comme un maître à penser imbu de son savoir, mais tout au contraire, comme un serviteur qui met en pratique ce qu'il enseigne. Il ne s'est, à aucun moment, prévalu de sa divinité pour imposer quoi que ce soit à qui que ce soit. Sa force de persuasion, il l'a puisée dans les profondeurs de son amour pour ses frères en humanité.
A aucun moment il n'a cédé à la tentation de juger et de condamner les pécheurs en les mesurant à l'aune de ses propres perfections. Et s'il manifeste à l'égard du mal et du péché une aversion et une répulsion que lui dicte sa filiation divine, c'est cette même filiation qui suscite en lui des sentiments d'amour pour les pécheurs d'une telle force, d'une telle dimension qu'il sera capable d'affronter les souffrances et affres de la crucifixion pour qu'ils puissent avoir accès au salut.

Quel exemple de tempérance, de maîtrise de soi, de sa pensée et de ses sentiments, nous donne à contempler la personne de notre Maître !
A aucun moment, il ne s'est laissé aveugler par les sentiments qu'auraient pu lui inspirer la vanité, la superficialité, l'orgueil, la méchanceté, la duplicité ou la vanité de ceux qu'il côtoyait, y compris ses propres disciples. Et, s'il a fustigé les pharisiens en des termes appuyés, ce n'est pas en cédant à une quelconque impulsivité ni à des jugements superficiels, mais en raison de leur hypocrisie qui ne

souffrait aucune contestation et à cause de l'image faussée qu'ils donnaient du Dieu dont ils prétendaient être les représentants et les porte-parole.
Jésus est toujours resté fidèle à ses déclarations, dans Matthieu 20v28 :
« Le Fils de l'homme est venu, non pour être servi, mais pour servir et donner sa vie comme la rançon pour plusieurs ».
C'est pourquoi, il insiste auprès de ses disciples en leur disant v 27 :
« Quiconque veut être grand parmi vous, qu'il soit votre serviteur ; et quiconque veut être le premier parmi vous, qu'il soit votre esclave ».

L'exemple de Jésus-Christ doit nous interpeller et nous conduire à nous interroger sur nous-mêmes !

6) Examen de conscience

Sachant que le regard que je porte sur moi-même conditionne celui que je porte sur mon voisin, mon ami ou mon frère, je ne dois pas me dérober et chercher à échapper à ce face-à-face obligé, même si cet exercice est difficile et parfois douloureux !
Voici quelques questions incontournables bien que dérangeantes :
Quelle opinion ai-je de moi-même ?
Quelle place est-ce que je m'octroie par rapport à mes frères ?
Quelle maîtrise de mes sentiments ai-je dans des situations qui affectent mon image ?
Mon service est-il totalement désintéressé, et n'y aurait-il pas, bien caché au fond de moi, quelque mobile avantageux pour mon ego ?
Suis-je véritablement humble et suis-je prêt à laver les pieds de mes frères ?
Avant de porter un jugement sur autrui, est-ce que je prends le temps de me juger moi-même ?
Est-ce que je prends le temps de la réflexion et de la prière ?

7) Le temps du regard sur les autres :

Le deuxième niveau où nous devons exercer la tempérance concerne le regard que nous portons sur les autres et plus particulièrement sur les frères en la foi.
Il ne fait pas de doute que si je me suis astreint à l'exercice préalable d'auto-analyse et si, avec l'aide de l'Esprit, j'ai appris à maîtriser les élans d'orgueil et de suffisance de mon vieil homme, je serai dans de meilleures dispositions de cœur et d'esprit pour jeter un regard éclairé sur les agissements ou attitudes de tel frère qui ne correspondraient pas aux standards ou aux modèles que je crois être en droit d'attendre de lui selon les critères divins.
Cependant, malgré ces saines précautions, je dois redoubler de vigilance pour rester dans ces bonnes dispositions !
En effet, l'Adversaire veille et va tout tenter pour me séduire.
Connaissant les ressorts de l'âme humaine, il est capable de détourner à son profit, de façon pernicieuse, les effets bénéfiques d'une démarche de lucidité sur moi-même débouchant sur l'humilité, pour en faire un prétexte à user du droit de juger les autres, en toute légitimité, sans autre précaution.
Or, ce n'est pas parce que j'ai pris conscience, parfois douloureusement, de mes faiblesses, de mes lacunes, de mes limitations, de mon état de pécheur devant Dieu, que pour autant je possède tous les instruments d'optique spirituels qui me permettront d'apprécier sans risque d'erreur telle ou telle situation.
Pour cette seconde étape au cours de laquelle devra s'exercer mon jugement sur autrui, je devrai, nécessairement, chausser les lunettes de la tempérance, de la modération.
Comme nous l'avons souligné en préambule, nous sommes naturellement prédisposés à nous surestimer, à nous surévaluer alors que nous suivons la démarche inverse lorsqu'il s'agit des autres.
A une exception près, lorsque l'image positive de l'autre est de nature, par sa proximité, à renforcer la nôtre et à nous valoriser !
A chaque étape de ma réflexion, je devrai donc revenir aux fondamentaux de l'humilité, de l'écoute du Seigneur, de l'enquête sérieuse et approfondie du sujet, avant de porter un jugement, me souvenant que je ne dois pas me fier aux apparences. Je devrai rejeter

toute impulsivité, toute exagération, toute caricature, toute outrecuidance dans mes propos.
Il s'agit-là d'une véritable discipline de l'esprit qui peut s'apparenter à un véritable combat spirituel.

Faute de s'astreindre à cette discipline, nous courons le risque d'émettre des avis, des jugements et des opinions erronés susceptibles de blesser un frère voire de l'éloigner de Dieu, de créer des disputes, des discordes et au pire, des séparations dans l'église.
Comme nous le voyons, l'enjeu est de taille car, au-delà de l'injure faite à un frère dans la foi, au-delà de la tristesse causée au Saint-Esprit, au-delà de la souffrance occasionnée au corps de Christ, au-delà de l'opprobre portée à l'Evangile, c'est en premier et en dernier lieu, une atteinte faite à la gloire de Dieu, Lui-même ! Atteinte que l'on pourrait qualifier d'innommable, si elle ne portait le triste nom de péché !

8) Un combat pour la vérité

Il s'agit donc bien d'un véritable combat spirituel dont nous ne mesurons pas toujours la portée, combat que nous devons livrer au nom de la vérité, combat de la lumière contre les ténèbres que l'Adversaire tente par tous les moyens d'étendre autour de nous et en nous, en utilisant savamment toutes les faiblesses de notre vieille nature.
Raison de plus pour exercer plus que jamais notre vigilance !
Il importe donc qu'avant d'émettre tout jugement ou toute appréciation, nous nous interrogions sur leur bien-fondé, sur la véracité des éléments qui les étayent. Il s'agit-là d'un véritable travail d'enquête qui ne saurait se satisfaire de rumeurs, de « on dits » ou de vagues impressions, et qui relève de la simple probité intellectuelle.
Ce n'est pas pour rien que, dans les affaires graves qui font l'objet d'accusations, la présence de deux ou trois témoins est requise (Matthieu 18).
De façon plus générale, et en exceptant le cas d'accusation que nous venons d'évoquer, les relations fraternelles n'échappent pas à la distorsion du regard que nous portons sur nos frères, alors même que

nous prétendons, en bons chrétiens, entretenir avec eux de purs liens d'amour !
Ne nous voilons pas la face, nous sommes encore loin d'avoir atteint la perfection dans ce domaine, et le sourire évangélique que nous arborons parfois, tient davantage du réflexe conditionné que de l'élan spontané du cœur !
N'entendez pas par là que je pointe du doigt une quelconque hypocrisie, car je ne doute pas un instant que notre volonté soit toute tendue vers l'imitation de notre Seigneur et vers l'obéissance à ses commandements ! Ce que je voudrais simplement et humblement, c'est relever avec vous quelques éléments qui requièrent notre attention, en raison de leur influence déterminante dans l'élaboration des opinions qu'inévitablement nous avons les uns sur les autres.

8) Comment se forger une opinion

Nos opinions, autrement dit notre perception des autres, non seulement conditionnent nos comportements envers eux, mais aussi caractérisent l'atmosphère générale de l'église.
Il importe donc de déterminer les moyens que le Seigneur met à notre disposition pour tendre au mieux à réaliser l'idéal chrétien : « être vrais dans l'amour » ou, selon la traduction de Chouraqui, « vivant en vérité dans l'amour ! » (Ephésiens 4v15).

Pour ce faire, nous procéderons à un examen méticuleux des différents facteurs qui interagissent dans l'élaboration et la formation de ce qu'on nomme communément, une opinion.
L'opinion se définit de la façon suivante :
c'est un jugement qu'on forme ou qu'on adopte sur un sujet,
c'est une assertion ou une conviction personnelle plus ou moins fondée,
c'est un jugement favorable ou défavorable sur quelqu'un, sur son caractère, sur ses actes etc...

 Une telle démarche est non seulement nécessaire mais conseillée par la Parole de Dieu, et elle répond à des normes précises. Souvenons-nous de ce que disait l'apôtre Paul aux Thessaloniciens dans sa première épître ch 5 v 21 :

« Examinez toutes choses ; retenez ce qui est bon; abstenez-vous de toute espèce de mal ».

De façon plus particulière et plus personnelle, le même apôtre nous convie à l'auto-examen dont nous avons déjà souligné l'importance dans 1 Corinthiens 11v31 :
« Si nous nous jugions nous-mêmes, nous ne serions pas jugés ».
ou encore dans Galates 6v4 : « si quelqu'un pense être quelque chose, quoiqu'il ne soit rien, il s'abuse lui-même. Que chacun examine ses propres œuvres ».

Je vous invite donc à découvrir et à examiner les différents stades d'élaboration d'une opinion, à définir les éléments qui les caractérisent, à en souligner la valeur mais aussi les faiblesses, pour enfin, déterminer les moyens et les outils adaptés à une vision conforme aux critères de vérité, de justice qu'implique notre statut d'enfant de Dieu.

Nous l'avons déjà souligné, une opinion aura d'autant plus de valeur qu'elle sera le résultat d'un travail approfondi de la pensée dans la recherche de la vérité, au travers de la collecte des faits, de leur vérification, et ceci dans un esprit d'humilité et d'amour, dès lors qu'il s'agit de personnes.
Pour ce qui concerne les idées, les idéologies, les systèmes philosophiques ou religieux, seule la quête sérieuse de la vérité s'impose car, comme le disait justement Alexandre Vinet, philosophe chrétien : « pour les idées, point de charité ! ».

Si j'ai décrit en premier ce processus d'élaboration d'une opinion, c'est parce qu'il répond aux exigences de l'idéal chrétien, qui ne saurait supporter en la matière aucune approximation, aucun empressement, aucune légèreté, aucune subjectivité, aucune immodération.
En d'autres termes, c'est parce qu'il s'oppose radicalement à toute superficialité.
Or, un jugement superficiel, une opinion surestimée ou sous-estimée, signent de façon patente l'erreur ou le mensonge !
Il importe donc que nous démasquions les domaines qui sont susceptibles de bloquer, de freiner voire de nous faire dévier de la voie royale que nous venons d'examiner.

Notre perception de l'autre n'est pas, en effet, le fruit immédiat d'une démarche réfléchie.
Elle résulte le plus souvent des impressions ressenties au premier abord.
C'est ainsi que l'apparence de l'autre, sa façon de s'exprimer, son comportement général, ses mimiques etc… contribueront à nous laisser de lui une bonne ou moins bonne impression.
Certains disent même que la première impression est la bonne ! Libre à eux de penser cela !
C'est ainsi que s'il y a, comme on le dit couramment, des «atomes crochus », la relation pourra s'établir et s'approfondir. Dans le cas contraire, elle pourra rester à l'état embryonnaire.

S'en tenir à ce type d'approche qui relève uniquement du sentimentalisme primaire, ne peut que fausser notre regard sur l'autre, en raison même de son caractère instinctif, subjectif et superficiel.
Nos sentiments sont si perméables aux variations du climat intérieur et extérieur, si versatiles qu'ils ne sauraient servir, à eux seuls, à fonder une opinion objective et conforme à la réalité.
Il n'y a pas plus subjectif que les sentiments. Or, nos sentiments sont suscités et régulés, souvent de façon excessive, par nos émotions qui agissent en amont.
L'émotion, qui dérive de la racine « mouvoir », exprime le mouvement de l'âme qui réagit lorsqu'elle est touchée ou troublée dans son affectivité. Cette réaction intense, immédiate, le plus souvent incontrôlée, peut même se manifester de façon organique par des rougeurs, des sueurs, des tremblements et parfois, dans les cas extrêmes par un mutisme ou une paralysie.
La palette des émotions embrasse un large spectre qui peut aller de la tristesse la plus profonde à la joie la plus exaltée.
Or, l'intensité des émotions est fortement dépendante, non seulement des stimuli qui les provoquent, mais aussi de la sensibilité neurophysiologique de chacun. C'est l'ensemble de ces spécificités acquises à la naissance, qui détermine le caractère de chaque individu. Souvenons-nous de Jacques et Jean, appelés fils de Boanergès, ou fils du tonnerre, appellation liée vraisemblablement à leur caractère bouillant ; sans parler de l'apôtre Pierre connu pour son impétuosité, à mettre en parallèle avec la nature réfléchie, rationnelle d'un Thomas !

Tout ceci pour souligner le fait que dans nos contacts les uns avec les autres, nous sommes avant tout sensibles à tout ce qui peut nous affecter en positif ou en négatif, et ceci en fonction de notre sensibilité naturelle.
Pour ces mêmes raisons, nos réactions révéleront notre caractère naturel qui peut s'exprimer par l'impulsivité ou une apparente imperturbabilité, par la désinvolture ou le rigorisme, pour ne citer que quelques traits parmi d'autres.

Il ressort de ce bref examen, que nous devons impérativement, avec l'aide du Saint-Esprit, apprendre à maîtriser chaque étape qui sert de soubassement à la suivante, dans l'élaboration de nos opinions et de nos jugements.
Et, en premier lieu, tempérer nos émotions, lesquelles, par parenthèse, sont d'excellentes choses données par Dieu et qui donnent de la couleur à la vie, mais qui peuvent aussi engendrer de mauvais fruits si elles ne sont pas contrôlées.
Ces émotions produisent, en bien ou en mal, des sentiments bons ou mauvais.
Le sentiment étant ce qui reste de l'émotion lorsque le calme est revenu, en exprime aussi toute la palette des couleurs, de la plus sombre à la plus lumineuse. C'est ainsi que la pensée, que l'on peut qualifier de sentiment idéel ou mentalisé, va alors être nourrie en bien ou en mal des éléments constitutifs du sentiment.
C'est pourquoi, nous devons apprendre à tempérer nos sentiments et à les pondérer.
Mieux encore, nous devons les étalonner au gabarit de ceux qui étaient en Jésus-Christ.
Dès lors, nos pensées, alimentées par les sentiments de notre Maître, trouveront en eux lune nourriture propice à des jugements conformes à la vérité.

10) Conclusion

Chausser les lunettes de la tempérance, c'est tout entier se mettre au service de la vérité selon les exigences de l'amour du Seigneur et de sa justice.
C'est, avec le secours du Saint-Esprit, devenir maître de tous les étages de notre vie, celui de nos émotions, celui de nos sentiments, celui de nos pensées.
Aucun ne doit être négligé en raison même de leur interdépendance.
C'est à ce prix que sera préservée l'harmonie des relations dans l'église, en évitant les excès de jugements, en étant mesurés, en étant tempérants.
C'est alors que l'on pourra dire de nous : « Voyez comment ils s'aiment. »

Chapitre V : la patience

La première est sous forme d'injonction : « faites tous vos efforts. » L'apôtre nous signale implicitement que la réalisation d'un tel programme ne résulte pas de dispositions naturelles, mais qu'elle nécessite de notre part un engagement de notre volonté et de notre énergie spirituelle.
C'est pourquoi, de façon explicite, il nous enjoint de mettre en œuvre tous nos efforts, ni plus ni moins !
Un tel programme dicté par Dieu lui-même, ne saurait, en raison de ses enjeux, se satisfaire d'à- peu-près, de médiocrité ou de laxisme. Souvenez-vous des paroles de notre Maître, dans Matthieu 5v 48 : « Soyez parfaits comme votre Père céleste est parfait ! »
La deuxième remarque est sous forme de constat :
« Celui en qui ces choses ne sont pas est aveugle, il ne voit pas de loin ».

1) Texte biblique

« Faites tous vos efforts pour joindre à votre foi la vertu, à la vertu la science, à la science la tempérance, à la tempérance la patience, à la patience la piété, à la piété l'amour fraternel, à l'amour fraternel la charité. Celui en qui ces choses ne sont point est aveugle, il ne voit pas de loin. »

2) Introduction

Tel est, cher lecteur, le vaste programme que l'apôtre Pierre offre à chaque enfant de Dieu, en l'assortissant de deux remarques qu'il convient de souligner.

Outre le fait que la cécité spirituelle constitue pour le chrétien un terrible handicap, dont les conséquences néfastes vont l'affecter directement et, par ricochet sa famille et son église, outre le fait qu'un tel état signe de façon patente l'action du prince des ténèbres, par dessus tout, c'est la gloire de Dieu qui en ressort ternie !

C'est dire combien un tel enjeu justifie que nous mettions tout en œuvre pour mener à bien la reconstruction spirituelle que le Saint-Esprit a commencée en chacun de nous, avec notre concours.
N'oublions jamais que nous sommes la lumière du monde (Matthieu5v14) et que nous sommes des enfants de la lumière (1 Thessaloniciens5v5). Or, si par manque de vigilance et d'efforts nous sommes devenus aveugles, comment notre lumière pourra-t-elle luire devant les hommes ?
Les huit qualités énumérées par Pierre sont autant de lentilles correctrices conseillées pour optimiser notre vision spirituelle. Chacune possède son utilité propre et vient augmenter et compléter l'action des sept autres.
La foi qui se saisit des réalisations passées de Dieu permet de vivre et de regarder l'avenir en toute confiance. La vertu, qui s'enracine dans la promesse de l'assistance permanente de Dieu, permet de faire face à tout type de situation avec courage et fermeté pour défendre la vérité. La science, qui est avant tout la connaissance de Christ, oriente les regards vers les bonnes dispositions de cœur et d'esprit, à rechercher et à posséder. La tempérance, par ses effets modérateurs, évite les jugements précipités, donc erronés ainsi que les décisions hâtives donc mauvaises.

3) La lentille de la patience

Nous savons tous, à des degrés divers, ce dont il s'agit : soit parce qu'un jour nous avons manqué de patience, soit parce que nous avons été victimes de l'impatience d'autrui à notre égard.
Toutefois, si nous en restions à cette seule approche, nous pourrions encourir le reproche de Cyrano de Bergerac : « Oh, là ! C'est un peu court, jeune homme ! »
Et il aurait raison, car la définition de la patience, à cause de la largeur de son champ d'expression, dépasse de beaucoup la perception courante que nous en avons.
Le dictionnaire Littré, en concordance avec plusieurs autres, nous en livre trois définitions qui se complètent avantageusement :
– vertu qui fait supporter avec modération et sans murmure les adversités, les douleurs, les injures, les incommodités....

– calme, sang-froid, tranquillité avec laquelle on attend ce qui tarde.
– persévérance à poursuivre une œuvre, un travail, malgré la lenteur de ses progrès ou malgré les difficultés.
Comme vous avez pu le constater, l'éventail des situations où s'exerce la patience est large !
En premier lieu, il est fait état des situations qui nous affectent douloureusement par leur caractère agressif ou injuste portant atteinte à notre intégrité physique, morale ou spirituelle.
En second lieu, il est fait mention de situations qui tardent à advenir ou à se réaliser.
En troisième lieu, il est question des lenteurs et des difficultés rencontrées dans la réalisation
d'une tâche.
Trois domaines différents qui trouvent facilement leurs applications dans l'exercice de la vie chrétienne. Mais, trois domaines dans lesquels la patience montre toute sa pertinence en raison même de son sens profond originel.
C'est qu'en effet, selon le dictionnaire Gaffiot, bien connu des latinistes, le substantif « patientia » a pour racine le verbe « patior » qui signifie littéralement : endurer, supporter, souffrir.
La patience est donc la faculté de supporter, d'endurer, de souffrir !
Vous l'avez donc compris, la patience nous est naturellement étrangère, car, elle sous-entend la souffrance qu'il nous est difficile d'accepter et de supporter.

Permettez-moi d'illustrer mon propos, en l'appliquant au domaine spirituel, en reprenant les trois cas de figure relevés plus avant.

a) Exemples d'exercice de la patience

Le premier cas de figure concerne la patience face aux lenteurs et aux difficultés rencontrées dans la réalisation d'une tâche.
Nous vivons dans un pays où les conversions en masse sont rares, contrairement à d'autres pays.
Les raisons sont multiples. Implanter une église dans nos types de sociétés dites modernes, marquées du fer du matérialisme, de l'hédonisme et du consumérisme ou à l'opposé de l'ésotérisme et de la

superstition, est une entreprise de longue haleine qui peut accaparer toute une vie.
Les progrès sont parfois lents et les difficultés nombreuses. Le doute peut parfois se manifester, l'impatience renforcer le doute. La souffrance est bien là, présente et lancinante, souffrance renforcée par les épreuves de la vie que le Seigneur permet et que l'Adversaire va essayer d'exploiter à son profit. Souffrance de la solitude et du petit nombre ; souffrance de la fatigue ou de l'épuisement.
Triste tableau, pourriez-vous dire, qui laisse peu de place à l'optimisme.
Mais, c'est sans compter sur le regard compatissant de Dieu.
Un cri, une prière s'élève alors dans la nuit :
« Seigneur, tu es le Dieu de l'impossible ! Tu sais que je suis tout à toi ! Alors, de grâce, accomplis encore des miracles dans les cœurs ! Au moins dans un cœur ».
Et le miracle a lieu, exprimant toute la grâce divine !
Mais, c'est d'abord dans notre propre cœur que le miracle s'opère !
La lumière qu'obscurcissaient les nuages de l'adversité vient éclairer notre âme des couleurs de l'espérance. « Sois patient, dit le Seigneur, sois sobre en toutes choses, supporte les souffrances,
fais l'oeuvre d'un évangéliste, remplis bien ton ministère. Je connais les brebis que je t'enverrai au temps choisi. Ne t'agite pas, ne te tourmente pas, mais persévère et sois fidèle. Je te le répète, sois patient ! »
Si j'ai choisi cette illustration, cher lecteur, cher ami, c'est pour nous prémunir contre tout sentiment de petitesse voire d'infériorité qui, occultant la glorieuse réalité de l'oeuvre de Dieu, non seulement nous priverait de la joie du Seigneur, mais, plus tristement encore, nous jetterait sur les chemins de la désespérance, du repli sur soi ou d'un activisme forcé et stérile.
Ce que Dieu désire, c'est que cultivant la patience, nous soyons à son écoute pour savoir reconnaître ses directives et que nous sachions nous emparer de ses promesses.
Cultiver la patience dans un tel contexte, c'est donc voir son fardeau allégé et se réjouir à l'avance de ce que le Seigneur a préparé.
En un mot, être patient, c'est savoir regarder à travers l'invisible, comme Abraham, le père des croyants.

Le second cas de figure concerne l'impatience, voire l'inquiétude qui peuvent nous affecter lorsque ce que nous attendons tarde à venir. Les exemples ne manquent pas !
Je me contenterai d'illustrer mon propos en évoquant une situation pour laquelle notre patience, dans sa dimension de souffrance, devra s'exercer car mise à l'épreuve. J'emploie ici la formule « mise à l'épreuve » à dessein, car il s'agit véritablement d'un test de notre foi et de notre faculté à supporter l'attente dans le calme et la tranquillité.
Nous avons tous dans notre entourage, qui un époux ou une épouse, qui un fils ou une fille, qui un père ou une mère....pour lesquels nous ne cessons d'intercéder depuis de longues années, sans résultat apparent !
L'arrière-plan spirituel de chacun peut être différent comme peut l'être aussi leur expérience personnelle avec Dieu. Certains ont une connaissance tronquée ou erronée de Dieu, d'autres ont connu le message de l'Evangile dans son intégrité, certains se disent athées ou agnostiques, d'autres ont fait profession de foi et, pour de multiples raisons, se sont éloignés.
Mais, quelles que soient leurs circonstances, ils sont loin de Dieu et cette situation nous affecte et nous fait souffrir.
Alors nous prions, nous intercédons et nous crions à Dieu pour qu'il jette sa lumière dans leurs cœurs.
« Seigneur, sauve encore aujourd'hui! A cause du sacrifice sans prix de ton Fils, mon Sauveur,
au nom duquel je t'implore, sauve-le, sauve-la, fais lui découvrir ton amour, ta tendresse ; fais-lui redécouvrir les bienfaits de ta communion ! »
Lequel d'entre nous n'a-t-il jamais fait monter cette prière vers Dieu ?
Mais, aussi, lequel d'entre nous ne s'est-il pas lassé de prier devant une trop longue attente, ou ne s'est-il pas révolté devant le silence de Dieu ?
Faut-il donc que j'arrose de larmes mon chemin de prières pour que le ciel s'ouvre enfin ?
A cette question, le prophète Esaïe apporte une réponse qui embrasse toutes les situations de souffrance et d'attente (Esaïe 30v15) :
« C'est dans la tranquillité et le repos que sera votre salut, c'est dans le calme et la confiance que sera votre force. »

Voilà, chers amis lecteurs, les ingrédients qui vont nourrir et réactiver notre patience !
Voilà les éléments qui vont chasser les nuages du doute, de la lassitude, de la révolte parfois, dégageant notre ciel redevenu propice à l'essor de nos prières !
Tranquillité, repos, calme et confiance !
Autrement dit : patience !
Mais, une patience apaisée par l'espérance de la réalisation des promesses du Seigneur, un temps occultée par notre impatience.
Ne nous lassons donc jamais d'intercéder avec ferveur pour ceux que le Seigneur met dans nos cœurs ! S'Il nous demande de partager ce fardeau, c'est assurément, parce qu'Il le porte Lui-même et qu'Il nous fait la grâce de nous associer à son œuvre de salut, dans ce divin dialogue qu'est la prière.
Le grand apôtre Paul, qui avait expérimenté les effets révolutionnaires de la prière, nous a laissé cette exhortation que j'ai plaisir à vous rapporter (Ephésiens 6v18) :
« Faites en tous temps, par l'Esprit, toutes sortes de prières et de supplications ? Veillez à cela avec une entière persévérance, et priez pour tous les saints. »
Alors, chers lecteurs, patience, patience et patience encore, l'heure de la délivrance est proche !
Que nos regards portent loin en avant, vers ce jour béni où la lumière se fera dans le cœur de nos bien-aimés, et où la patience de notre foi cédera la place au ravissement de la vue, où les larmes de la prière se transformeront en chants d'allégresse, de reconnaissance et de louanges !

Le troisième cas de figure répertorie tout ce qui concerne, de façon non exhaustive, les défauts de relations interpersonnelles au nombre desquelles les adversités, les blessures, les injures, les incommodités, les vexations, les calomnies, les moqueries etc...
Il s'agit-là d'un sujet qui concerne le chrétien qui va devoir apprendre à expérimenter l'amour dans toutes ses dimensions, dans l'église et hors de l'église.
La patience est une des caractéristiques de l'amour. Otez la patience de l'amour et l'amour perd en substance ! La patience, l'humilité,

l'honnêteté, la maîtrise de soi, l'amour de la justice et de la vérité etc...sont autant de signes qui expriment l'amour vrai, selon Dieu !
Dans 1 Corinthiens 13, l'apôtre Paul souligne cette réalité sans ambiguïté :
v 4 : l'amour est patient.
V5 : l'amour ne s'irrite pas.
V7 : l'amour supporte tout.

C'est dire l'importance de la patience dans la manifestation de l'amour, et plus particulièrement, l'importance de son exercice dans le cadre privilégié de l'église locale.
Importance pour l'église dans son fonctionnement interne qui doit exprimer l'harmonie, mais aussi, pour son rayonnement et son témoignage vers l'extérieur.

b) La patience, antidote surnaturel de l'impatience

Or, la patience ne fait pas partie des outils que nous recevons à la naissance.
Nous sommes, certes, inégalement dotés de capacités de résistance face aux diverses agressions de la vie, certains étant d'un naturel plus placide que d'autres, d'aucuns plus facilement irritables ; mais, nous sommes tous, d'une manière ou d'une autre, déficients dans ce domaine.
Par ailleurs, la patience, outre le fait qu'elle permet de remédier aux prédispositions naturelles de chacun, nous permet aussi de supporter avec calme ce qui porte atteinte aux revendications de notre Moi dont l'image est souvent surévaluée voire sacralisée.
L'orgueil apparaît souvent comme un des facteurs premiers d'attitudes et de comportements générateurs d'impatience, d'incapacité à supporter les autres, de susceptibilité, d'intolérance, autant de réactions qui sont aux antipodes de l'amour.
Ce n'est pas pour rien que l'apôtre Paul s'adresse ainsi aux chrétiens de Galatie (Galates 5v22) :
« Mais, le fruit de l'Esprit, c'est l'amour, la joie, la paix, **la patience**, la bonté, la bienveillance, la fidélité, la douceur, la tempérance...Ceux qui sont à Jésus-Christ, ont crucifié la chair, avec ses passions et ses désirs. »

Ainsi, la patience nous est-elle présentée comme un fruit de l'Esprit que nous devons rechercher.

Or, ce fruit de l'Esprit ne peut s'enraciner et se développer que dans un terrain bien préparé et bien labouré pour en extirper les racines des mauvaises herbes, afin qu'il puisse accueillir la bonne semence et recevoir la rosée du matin qui en favorisera la germination.

Un tel travail nécessite que le soc de la Parole de Dieu pénètre profondément l'enveloppe parfois endurcie de notre cœur, opération qui ne se fait pas sans souffrance et qui implique notre entière adhésion. Ce nécessaire et salutaire labour, qui est une des œuvres majeures du Saint-Esprit, lequel s'y emploie sans relâche en raison de la vivacité de la mauvaise herbe du péché, constitue pour le chrétien un des objectifs principaux de notre combat spirituel.. C'est au prix de ce douloureux labeur que le fruit de l'Esprit pourra alors s'épanouir en chacun de nous.

Cultiver la patience est donc le résultat d'une étroite collaboration entre le Saint-Esprit et notre moi régénéré, pour faire mourir les passions et les désirs de notre vieille nature, en un mot, pour crucifier la chair. Il s'agit bien là encore, d'un véritable combat spirituel que Paul a si bien su décrire en s'exclamant :

« Misérable que je suis ! »

c) La patience dans l'église

Comme nous l'avons souligné plus avant, c'est bien souvent au sein même de l'église locale, dans nos rapports les uns avec les autres, que la patience aura maintes occasions de s'exprimer. Un tel constat peut paraître paradoxal à l'observateur extérieur qui s'attend, légitimement, à ce que tous les chrétiens fassent spontanément preuve de patience en toute occasion. Malheureusement, force est de reconnaître qu'entre l'idéal chrétien et la réalité, il existe un écart, celui qui sépare notre période de reconstruction spirituelle du jour de l'achèvement des travaux, autrement dit, celui de notre résurrection. Cette période, encore entachée des faiblesses de la chair, est, de fait, naturellement propice à l'exercice de la patience les uns envers les autres.

Comme vous l'aurez compris, cher lecteur, il n'existe pas plus de chrétiens parfaits que d'églises parfaites ! Il existe, par contre, des chrétiens qui tendent vers la perfection et des églises en marche vers la perfection !

Or, la patience, ce fruit de l'Esprit et de l'amour, est un des éléments moteurs de ce perfectionnement, je dirai même un des éléments clés. En effet, on a coutume de dire que si l'on choisit ses amis, on ne choisit pas sa famille.

En d'autres termes, je suis obligé d'accepter les membres de ma propre famille, quels que soient leur caractère, leur sociabilité, leurs goûts etc... Un frère reste toujours un frère, même si les liens affectifs viennent à se distendre ! En revanche, je choisis mes amis en raison même des qualités ou des centres d'intérêt ou des accords de caractères qui m'attirent vers eux.

Mais ces liens d'amitié peuvent évoluer, ils ne sont pas irréversibles et subissent des fluctuations au fil de la vie et peuvent parfois se dénouer.

Or, de même que l'on ne choisit pas ses frères selon la chair, on ne choisit pas ses frères selon l'Esprit parce que c'est Dieu qui les choisit pour nous !

Il découle de cet état de fait plusieurs conséquences :

La première, c'est que les liens qui nous unissent sont indissolubles, irréversibles.

Ce sont les liens de l'Esprit qui nous a engendrés. Ce sont les liens du sang de Jésus-Christ par lequel nous avons la vie éternelle. Rien ni personne ne pourra jamais changer notre statut d'enfants de Dieu et donc de frères et sœurs ! Ni le temps, ni l'espace, ni la mort, ni le prince des ténèbres ne pourront affecter, fut-ce de façon infinitésimale, la réalité de notre statut si chèrement acquis ! Souvenons-nous qu'il s'agit là de l'oeuvre de création la plus sublime réalisée par le grand Dieu de l'univers, celle dans laquelle Il s'est investi de la façon la plus coûteuse, la plus totale, la plus radicale puisqu'il a offert à l'humanité, comme preuve de son amour infini, son propre Fils qui s'est donné en sacrifice pour le salut des pécheurs. C'est dire combien notre Dieu est attaché à son œuvre qu'Il ne se lassera jamais de poursuivre jusqu'à son parfait accomplissement. L'apôtre Paul nous en donne l'assurance dans Philippiens 1v 6 :

« Je suis persuadé que celui qui a commencé en vous cette bonne œuvre la rendra parfaite pour le jour de Jésus-Christ. »

Forts de cette merveilleuse promesse, nous devrions être pressés par l'amour qui l'a dictée, d'y répondre par notre amour la plus total et le plus dévoué.

La seconde conséquence, liée à notre appartenance à la famille des enfants de Dieu, c'est que nos frères nous sont offerts par le Seigneur lui-même qui nous a tous rachetés au prix de sa vie.
C'est dire combien nous avons de valeur à ses yeux, et combien nos frères devraient en avoir à nos propres yeux !
Or, pas plus que nous-mêmes, nos frères ne sont parfaits. La diversité des origines sociales et culturelles, la multiplicité des caractères, les différences de générations et d'âges, tous ces facteurs et d'autres encore, sont autant d'éléments susceptibles de solliciter tous les ressorts de notre amour, à commencer par celui de la patience.
Il est intéressant de remarquer que le terme grec traduit par « patient » pour qualifier l'amour-agapè
(1 Corinthiens 13v4), signifie littéralement « qui a un grand coeur » (gr : macrotumei).
La patience est donc l'apanage d'un grand cœur !
L'apôtre Paul, qui avait les pieds sur la terre et la tête au ciel, observateur avisé des difficultés d'accommodation des uns avec les autres, ne cesse d'encourager ses frères à recourir à la patience :
Ephésiens 4 v 1 à 4 :
« Je vous exhorte donc, moi, le prisonnier dans le Seigneur, à marcher d'une manière digne de la vocation qui vous a été adressée, en toute humilité et douceur, avec **patience**, vous supportant les uns les autres avec charité, vous **efforçant** de conserver l'unité de l'esprit par le lien de la paix ».
L'apôtre Pierre disait : « faites tous vos efforts ! »
L'apôtre Paul dit : « efforcez-vous ! »

Ecrivant aux Colossiens ch 3 v 13, Paul se fait plus précis encore :
« Supportez-vous les uns les autres, et si l'un a sujet de se plaindre de l'autre, pardonnez-vous réciproquement. De même que Christ vous a pardonnés pardonnez, vous aussi. »
Dans 1 Thessaloniciens 8 v 14, l'apôtre revient sur ce thème qui lui tient à cœur :

« Nous vous en prions, frères, avertissez ceux qui vivent dans le désordre, consolez ceux qui sont abattus, supportez les faibles, usez de **patience** envers tous. »
Puis dans sa 2° épître ch 3 v 5, il leur trace le chemin :
« Que le Seigneur dirige vos cœurs vers l'amour de Dieu et vers la **patience de Christ** ! ».

d) Le Christ, exemple parfait de patience

C'est sur cette note, chers lecteurs, que j'aimerais clore notre méditation, en évoquant la patience de Christ. Par son attitude envers les pécheurs, Jésus incarne la patience divine. Combien de fois n'a-t-il pas repris ses disciples impatients et vindicatifs ! (cf : Luc 9v55). Nombreuses sont ses paraboles qui illustrent ce thème : celle du figuier stérile (Luc 13v6 et ss), celle de l'enfant prodigue (v15) du serviteur impitoyable (Matth 18v23-35).
Elles sont autant de révélations de la patience de Dieu qui veut sauver les pécheurs que de leçons de patience et d'amour à l'adresse de ses disciples.

Enfin, que dire du courage de notre Maître durant sa Passion que le récit de Luc, notamment, nous présente comme le modèle de toute patience pour l'homme en butte aux persécutions.

e) Conclusion

Chausser les lunettes de la patience est pour le chrétien plus qu'une nécessité : c'est un devoir d'amour qui lui est dicté par la vocation que le Seigneur lui a adressée.
Elles lui permettront de voir loin, au-delà des apparences.
S'il s'agit des lenteurs et des difficultés dans la réalisation d'une tâche, il apprendra à inscrire son temps dans le temps de Dieu.
S'il s'agit d'appréhender une situation qui tarde à se réaliser, il apprendra à ouvrir son esprit aux promesses de son Maître.
S'il s'agit enfin, de circonstances douloureuses ou irritantes dues à ses frères, il saura tourner ses regards vers les desseins éternels de son Dieu, qui n'a pas tenu compte des péchés de ses créatures, mais a

manifesté à leur égard sa patience qui s'est incarnée au plus haut degré dans la personne de son Fils Jésus-Christ.   **« Faisons tous nos efforts pour que la gloire de Dieu soit manifestée dans son église ! »**

Chapitre VI : la piété

1) Texte biblique

2 Pierre 1 v 6-7,9 :

« Faites tous vos efforts pour joindre à votre foi la vertu, à la vertu la science, à la science la tempérance, à la tempérance la patience, à la patience la piété, à la piété l'amour fraternel, à l'amour fraternel la charité. Celui en qui ces choses ne sont point est aveugle, il ne voit point de loin. »

2) Introduction :

« Celui en qui ces choses ne sont point est aveugle, il ne voit point de loin ! »
Littéralement, il nous est dit : « celui en qui ces choses ne sont point est myope ! »
Comme nous le savons la myopie est ce défaut de la vision qui affecte ceux dont l'oeil est trop long, de sorte que le myope ne distingue pas nettement les objets qui sont éloignés.
Il en ressort que son champ visuel de netteté est restreint à l'espace limité que lui autorise son infirmité. En dehors de cet espace tout est flou, sans relief ni perspective. Pour remédier à ce handicap il devra impérativement utiliser des verres correcteurs spécifiques, faute de quoi, il lui sera impossible de se déplacer sans risque, particulièrement s'il conduit un véhicule automobile, les panneaux indicateurs étant pour lui illisibles.

L'apôtre Pierre utilise donc l'image de la myopie à dessein pour nous sensibiliser et attirer notre attention sur l'importance de la vision spirituelle.
Si nous relisons attentivement la liste des huit qualités spirituelles qu'il nous présente, nous constatons une progression dans leur présentation.

C'est ainsi que la dernière qui est la charité, l'agapè, nous apparaît comme l'aboutissement d'un processus, et, en même temps, comme la synthèse de toutes les autres qualités énumérées.
La synthèse des autres qualités, car chacune d'elles – foi, vertu, science, tempérance, patience, piété et amour fraternel- ne pourrait être sans la charité, ni en dehors de la charité.
L'aboutissement d'un processus, car en effet, chacune d'elles ajoutée aux autres, contribue au développement et à l'expression de l'agapè en nous.
C'est la raison pour laquelle, Pierre, dans un souci pédagogique, prend soin d'énumérer les vertus que nous devons joindre les unes aux autres en raison de leur pertinence, et en même temps, il place la charité au sommet de cette ascension, non seulement parce que l'agapè en est l'expression parfaite et ultime, mais aussi, parce qu'elle en est la source.
L'apôtre Paul, dans 1 Corinthiens 13, a suivi à peu près le même cheminement de pensée, lorsqu'il écrit, v11 à 13 :

« Lorsque j'étais enfant, je parlais comme un enfant, je pensais comme un enfant, je raisonnais comme un enfant ; lorsque je suis devenu homme, j'ai fait disparaître ce qui était de l'enfant.
Aujourd'hui, nous voyons au moyen d'un miroir, d'une manière obscure, mais alors, nous verrons face à face ; aujourd'hui, je connais en partie, mais alors je connaîtrai comme j'ai été connu.
Maintenant donc, ces trois choses demeurent : la foi, l'espérance, la charité. Mais, la plus grande de ces choses, c'est la charité. »

Les thèmes de la vision et de la croissance spirituelle sont ici perceptibles par l'évocation de l'enfance, du miroir, puis de la maturité.

3) La nouvelle naissance, découverte d'un monde nouveau

Cette évocation de l'enfance nous conduit à nous pencher sur la foi du nouveau-né sur le plan spirituel, en nous souvenant que cette foi est appelée à grandir et à se développer, qu'elle peut parfois faiblir, qu'elle peut aussi être éprouvée.
Lorsque nous naissons à la vie de l'Esprit, les ténèbres qui nous entouraient se déchirent alors, et nombre d'interrogations sans

réponses jusqu'à ce jour béni, trouvent leur éclaircissement et voient leur mystère dévoilé. Par quel miracle, cela a-t-il été rendu possible ? Comment se fait-il qu'en un instant, ma vie s'est éclairée d'un jour nouveau et a pris des couleurs insoupçonnées ?
Hier encore, comme le fœtus dans le ventre de sa mère, je vivais replié sur moi-même, limité dans mes mouvements, dans un environnement obscur. Je percevais des bruits assourdis venant d'un autre monde, suscitant en moi une ébauche de curiosité. Il y avait aussi ce battement régulier comme celui d'un cœur, qui semblait signer la présence proche et en même temps lointaine, d'un autre être vivant dont le nom et l'identité m'étaient inconnus.
Et voici que, soudain, au plus fort de mes tâtonnements et de mes agitations, de mes cogitations embrumées et confuses, surgit une lumière qui m'éblouit et qu'une voix se fait entendre, d'une douceur et d'une tendresse infinie : « Je t'aime d'un amour éternel. Tu es mon enfant bien-aimé, je suis ton créateur, ton Père céleste ! ».
Je reconnais alors en celui qui s'adresse à moi, cet inconnu dont le cœur battait si près du mien !
Je sais alors, sans contestation possible, que je viens de naître à une vie nouvelle, que je viens de renaître. J'en ai la plus intime conviction !
Je crois et en même temps, je vois !
Certes, je ne vois pas tout, je ne comprends pas tout, je viens de naître !
Je ne sais pas encore marcher, et j'ai besoin qu'on me nourrisse avec du lait. Mais, je vis, et je sais que cette vie, je la dois à mon Père céleste qui a dessillé mes yeux en me faisant la grâce de le voir par la foi ! Je réalise alors la puissance et la vérité contenues dans ces paroles du Fils de Dieu :
« Celui qui croit en moi vivra, celui qui croit en moi a la vie éternelle ! »

4) La vision chez le nouveau-né : processus de maturation

L'apôtre Pierre fut bien inspiré lorsqu'il plaça la foi à l'origine de notre naissance spirituelle, et ceci dans le cadre de la vision spirituelle.
Il n'aurait pas fait mieux s'il avait eu les connaissances que nous avons aujourd'hui en ophtalmologie,

En effet, le nourrisson est affecté visuellement des mêmes limitations que le nouveau-né spirituel.
Certes, il possède tous les éléments anatomiques pour acquérir une vision normale, mais un certain nombre de processus doivent encore s'opérer, en particulier sur le plan neurologique. On appelle cela, la maturation. Ainsi en est-il de l'isolation encore inachevée des cellules nerveuses qui conduisent l'information visuelle. Ainsi en est-il aussi des connexions avec les aires visuelles du cerveau qui transformeront les informations en images, pour ne citer que ces deux processus.
Plusieurs domaines de la vision vont donc suivre cette évolution.
Le champ visuel va s'élargir jusqu'à douze mois pour être proche de celui de l'adulte.
L'acuité visuelle et le pouvoir séparateur vont progresser jusqu'à huit mois.
La sensibilité aux contrastes va subir d'importants changements au cours du premier mois.
L'accommodation sera normale à trois mois. Le cristallin étant rigide à la   naissance ne permet qu'une vision à vingt centimètres.
La vision binoculaire qui permet la stéréoscopie et donc la vue en relief, sera possible vers quatre mois et normale à cinq.
Enfin, la perception des couleurs se fera par étapes successives, le processus arrivant à son terme à l'âge de cinq ans.

5) Développement de la vision chez le nouveau-né spirituel

Comme nous l'avons compris, il en va de la vie spirituelle comme de la vie physique, elle suit les mêmes étapes de développement avec ses changements et parfois ses crises, avec ses accélérations et ses phases de maturation.
Le nouveau-né spirituel dont le regard n'embrasse que ce qui lui est proche, va peu à peu voir s'élargir son champ de vision, se préciser les détails de ce qu'il voit de mieux en mieux, distinguer davantage les objets les uns des autres, en apprécier les contours et les couleurs et les mettre en perspective au fur et à mesure que sa faculté d'accommoder ce qui est loin se développera.
En d'autres termes, il passera de l'état de myope à celui de clairvoyant, de bébé à l'état d'homme fait.

Mais, pour ce faire, il devra superposer à la lentille de la foi les sept autres verres correcteurs énoncés par l'apôtre Pierre.

6) La lentille de la piété

Comme précédemment, nous devons nous poser la question suivante :
« En quoi cette vertu est-elle de nature à nous aider à comprendre, à saisir, à voir et à discerner les choses et les êtres, selon les critères de Dieu, autrement dit, en esprit et en vérité ? »
« En quoi la piété est-elle source de sagesse ? »
« En quoi peut-elle parfaire mon discernement ? »

Pour répondre à ces questions, il convient de nous pencher sur l'origine du mot piété et de son sens biblique.
Cette question s'impose car il est probable qu'avec l'usage, son sens originel se soit dilué pour n'en laisser plus qu'une idée édulcorée voire faussée.
Jugez-en vous-mêmes à la lecture des quatre définitions données par divers dictionnaires :
Larousse: affection et respect des choses de la religion.
Quillet : dévotion intérieure et affection des choses de la religion.
Robert : attachement fervent aux devoirs et aux pratiques de la religion.
Littré : amour et respect pour les choses de la religion ; amour pour ses parents ; respect pour les morts etc...
En d'autres termes, être pieux selon ces définitions consiste à s'appliquer à pratiquer ce qui est prescrit par la religion, autrement dit, à être fidèle aux ordonnances et aux rites et devoirs propres à tel système religieux.
Certes, il est bien question d'affection, de respect, d'attachement voire d'amour mais, envers des « choses », celles de la religion !
Ce qui nous est décrit ici, c'est une orientation de l'âme vers des pratiques extérieures religieuses et non vers une personne.
En ouvrant l'encyclopédie Larousse, nous allons découvrir avec intérêt que le terme impersonnel et général des choses de la « religion », a cédé la place à un nom de personne : Dieu !
La piété y est définie comme étant :

« une vertu qui pousse à rendre à Dieu l'honneur qui Lui est dû, à communiquer avec Lui par la prière ».
Voilà, enfin, une définition qui, en apparence, aurait de quoi satisfaire puisque Dieu est remis à sa place d'honneur !
Je dis bien, en apparence, car à y regarder de plus près, force nous est de constater que rien n'indique un quelconque dialogue comme le laisserait supposer la mention du mot prière. Il s'agit bien plutôt ici d'un monologue de l'homme adressé à Dieu pour lui rendre gloire.
Si la véritable piété se résume à cette relation unilatérale, ce qui est déjà beaucoup, et si elle est éclairante sur la haute personnalité de Dieu, elle ne satisfait pas totalement celui qui aspire à une relation plus étroite et plus intime avec Dieu, au travers du dialogue, du tête-à-tête, du cœur à coeur
qu'est la véritable prière.
C'est pourquoi, si le Dieu dont il est question est bien celui des Saintes Ecritures, c'est vers elles que nous devons nous tourner pour voir si cette aspiration au dialogue est légitime, et si c'est le cas, sur quoi elle se fonde.

7) Le mot piété, un petit mot d'une richesse infinie

Je vous propose donc, cher lecteur, de parcourir avec moi l'arbre généalogique de ce petit mot pour remonter jusqu'à ses racines profondes.
Sachez, d'ores et déjà, que ce parcours s'est révélé être un pur moment de bonheur, en dépit ou en raison des efforts qu'il m'imposât pour en suivre les évolutions, parcours ponctué à chaque étape de nouvelles merveilles.
Laissez-moi donc vous entraîner dans la visite guidée de ce que je nommerai « la vallée des merveilles » ou « le jardin des délices » !
Pour ce faire, franchissons-en le premier portique qui nous est présenté par notre texte :
« Faites tous vos efforts pour joindre...à la patience la **piété.** »

a) la piété-eusebeia :

Le terme grec utilisé ici, est le terme : eusebeia, que nous retrouvons dix sept fois dans le Nouveau Testament. Traduit par piété, il désigne deux attitudes : d'une part, le respect et l'amour des dieux et d'autre part, l'amour ou le respect filial (dict : Bailly)

Il s'agit-là d'un terme qui fait partie du vocabulaire religieux païen, abondamment utilisé dans la philosophie grecque dont la première utilisation remonte, semble-t-il, à Homère, vers mille ans avant notre ère.
Dans la Grèce antique qui couvre les 5° et 4° siècles avant Jésus-Christ, l'eusebeia exprimait à la fois la piété personnelle dans l'accomplissement des relations humaines, l'observance des rites et dévotions envers les dieux, et, par extension, un juste respect envers les anciens, les maîtres et les souverains, pour les honorer.
Les disciples de Platon la définissait comme « la bonne conduite à l'égard des dieux », et les stoïciens, comme « la connaissance de la façon dont Dieu est honoré ».
Peu à peu, dans le monde hellénistique en général, caractérisé par l'usage du grec commun, appelé grec koiné, l'eusebeia en vient à désigner « la piété intérieure » ou la spiritualité, autrement dit, un devoir intérieur envers Dieu. Il convenait de souligner cette évolution.

Il faut se souvenir que le grec koiné, ancêtre principal du grec moderne, est la langue originelle du Nouveau Testament et de la Septante (traduction grecque de l'Ancien Testament).
Nous voyons donc que lorsque Pierre, Paul ou l'auteur de la lettre aux Hébreux utilisent le terme « eusebeia », traduit par le mot piété, ils le font à dessein car ils savent qu'ils seront compris par leurs auditeurs, anciens adorateurs des dieux grecs ou romains, devenus adorateurs du vrai Dieu.

L'eusebeia chrétienne, la piété chrétienne, embrasse donc, aussi bien la relation de respect et d'amour envers Dieu que les relations similaires avec ses semblables.
L'eusebeia a donc une dimension verticale tournée vers Dieu, et une dimension horizontale tournée vers les autres.
L'eusebeia chrétienne enveloppe toute la vie du chrétien, et aucun espace ne doit être exclu de son champ d'expression.
L'eusebeia est, en quelque sorte, l'empreinte de la vie de Christ, de la vie divine en chaque enfant de Dieu.

Le Docteur Spinos Zodhiates, né en 1922 de parents grecs à Chypre, gréco-américain décédé en 2009, un des plus éminents spécialistes de la langue grecque, autorité reconnue du Nouveau Testament grec, écrivait :
« Quand eusebeia est appliqué à la vie chrétienne, il désigne une vie acceptable pour le Christ, en indiquant la bonne attitude du croyant envers le Christ qui l'a sauvé. Il est à la fois une attitude et une manière de vivre. »

b) Jésus-Christ, exemple parfait d'eusebeia

L'exemple parfait de la véritable piété, nous le trouvons dans la personne de Jésus-Christ.

Nous lisons dans Hébreux 5v7 :
« C'est Lui qui, dans les jours de sa chair, ayant présenté, avec de grands cris et avec larmes, des prières et des supplications à Celui qui pouvait le sauver de la mort, et ayant été exaucé à cause de sa « piété », a appris, bien qu'il fut Fils, l'obéissance par les choses qu'il a souffertes, et qui, après avoir été élevé à la perfection, est devenu pour tous ceux qui lui obéissent l'auteur d'un salut éternel, Dieu l'ayant déclaré souverain sacrificateur, selon l'ordre de Melchisédek. »

« Ayant été exaucé à cause de sa piété. » (gr :eusebeia)

Le Fils-même de Dieu, incarné en l'homme Jésus, a donc exprimé au plus haut degré, celui de la perfection, la piété !
Or, nous retrouvons dans la piété de notre Maître, la double dimension soulignée plus avant :
d'une part, un amour sans limite envers son Père qui se traduit par une adhésion totale et sans réserve à sa volonté et à ses desseins, au travers de son obéissance, et d'autre part, un amour, lui aussi sans limite envers les pécheurs, ses frères en humanité, amour qui le conduira à donner sa vie pour eux.
 Comme vous l'avez bien compris, cher lecteur, le cœur même de la piété du Christ, c'est bien l'amour.

N'avait-Il pas dit : « il n'y a pas de plus grand amour que de donner sa vie pour ceux que l'on aime ? »
Combien sont caricaturales les définitions de la piété qui nous sont livrées par les dictionnaires ! Piétés froides et formelles, sans âme, vides de tout partage réel, de tout dialogue, de toute véritable spiritualité !
Tout au contraire, la piété du Christ est nourrie d'échanges permanents avec le Père et avec ses frères, les hommes. Echanges, partages, communion dans l'amour et par l'amour qui se traduisent par la piété dans sa dimension de solidarité.
Solidarité avec le Père qui veut sauver ses créatures pécheresses, mais aussi, solidarité avec ces mêmes pécheurs dont Jésus accepte d'expier les fautes pour qu'ils soient sauvés !

Le psalmiste David anticipant l'événement glorieux de la résurrection du Christ disait dans son Psaumes 16v10 :

« Car tu ne livreras pas mon âme au séjour des morts, tu ne permettras pas que ton **bien-aimé** voit la corruption ».

En réalité, le texte hébreux utilise le terme « hasid » qui signifie « pieux ». Il conviendrait donc de traduire ainsi : tu ne permettras pas que ton « pieux » voit la corruption.
Notons au passage que ce terme a été utilisé pour désigner le mouvement religieux juif, piétiste, appelé les Hassidéens ou les Assidéens, sous l'époque des Macchabées, mouvement qui aura une résurgence vers 1750, sous le vocable hassidisme.

c) La piété hosiotès

Ce terme hasid, fréquent dans les Psaumes, désigne tout à la fois celui qui est pieux et celui qui est saint. Or, cette double notion de piété et de sainteté va se retrouver intacte dans deux textes du Nouveau Testament, qui reprennent les paroles de David.
Tout d'abord dans le livre des Actes ch2v27, lors du discours de Pierre à la Pentecôte :
« Car tu n'abandonneras pas mon âme dans le séjour des morts et tu ne permettras pas que ton **saint** voit la corruption ».

Ensuite, dans Actes 13v35, lors du discours de Paul aux Juifs d'Antioche de Pisidie :
« C'est pourquoi, il dit encore ailleurs (David), tu ne permettras pas que ton **saint** voit la corruption ».
Or, le terme grec utilisé dans les deux cas, et qui traduit le qualificatif hasid du Psaume 16, est le terme « hosios » qui dérive de « hosiotès » qui signifie : la piété envers Dieu, la fidélité dans les obligations de la piété, la sainteté.
L'hosios est donc le pieux, le saint, le hasid !
Comme nous le constatons, au fur et à mesure que nous progressons, la piété s'enrichit de nouvelles caractéristiques : ici la sainteté, élargissant son spectre d'influence.
La piété, un mot si riche de sens, un concept si puissant qu'un seul terme ne suffit pas à en épuiser la profondeur.
C'est ainsi qu'à la piété-eusebeia et à la piété-hosiotès vient s'ajouter la piété-éléos.

d) La piété éléos

Ce terme éléos est employé environ 53 fois dans le Nouveau Testament alors qu' eusebeia ne l'est que 17 fois. Et cependant, ils traduisent en grec le même mot hébreux sur lequel nous reviendrons.
En réalité, les trois termes susnommés se complètent merveilleusement.
En effet, si eusebeia ouvre notre esprit à toute la sphère qu'embrasse la piété chrétienne, si hosiotès en souligne toute la sainteté qui la différencie des piétés païennes, voici qu'éléos nous plonge au cœur même de la piété et nous en découvre les ressorts intimes.
De fait, éléos peut être traduit par les mots miséricorde, grâce et compassion.

En franchissant le portique de la piété-eusebeia, nous avons découvert avec émerveillement qu'elle nous faisait entrer dans l'intimité même de Dieu notre Père céleste, dans un dialogue d'amour rendu possible par son Fils Jésus-Christ qui en fut l'incarnation même.
En franchissant le portique de la piété-hosiotès, nous avons pris la mesure du caractère de sainteté qui devait marquer toute vie véritablement chrétienne, Jésus-Christ en étant le modèle parfait.

Souvenons-nous de ce que dit Paul aux Ephésiens ch 4v24 :
« C'est en Christ que vous avez appris...à être renouvelés dans l'esprit de votre intelligence, et à revêtir l'homme nouveau, créé selon Dieu dans une justice et une sainteté que produit la vérité».
Ici, le terme sainteté traduit le mot «hosioteti » qui signifie aussi, piété.
Or, cette piété est sanctifiée par la vérité qui l'anime, et cette vérité est incarnée en Jésus-Christ, le pieux et le saint par excellence !

Voici donc maintenant le portique de la piété-éléos, qui se signale par ces trois mots inscrits en lettres d'or sur son frontispice : **miséricorde, grâce, compassion !**
Quel spectacle, cher lecteur !
Alors qu'avant d'entamer cette visite du jardin des délices, de cette vallée des merveilles, notre regard embrassait un spectacle de désolation marqué par les enseignes diaboliques de la haine, de la jalousie, de la luxure, de la méchanceté, de l'égoïsme, que sais-je encore, voici que s'ouvre devant nous un monde nouveau, celui de la piété-éléos, alors que le Fils de Dieu lui-même nous en fait découvrir les beautés.
Ce monde nouveau n'est autre que celui de la miséricorde, de la grâce et de la compassion !
C'est là, au cœur de Dieu lui-même, que la véritable piété plonge ses racines !

Car en effet, « Dieu, riche en « éléei », c'est-à-dire en piété et en miséricorde, à cause du grand amour dont Il nous a aimés, nous qui étions morts par nos offenses, nous a rendus à la vie avec Christ (c'est par grâce que vous êtes sauvés). » Ephésiens 2v4.

Car en effet, c'est là aussi que le Christ lui-même a puisé les ressources nécessaires à l'accomplissement de sa mission. Hebreux 2 v17 :
« Jésus-Christ a dû être rendu semblable en toutes choses à ses frères, afin qu'il fut un sacrificateur miséricordieux (éléemon) et fidèle dans le service de Dieu, pour faire l'expiation des péchés de son peuple. »

Voilà, cher lecteur, cher ami, jusqu'où a conduit la piété de notre Maître, jusqu'à la croix du Calvaire !
Dès lors, nous comprenons mieux que cette piété-éléos, cette piété-miséricorde est bien l'âme de la piété véritablement chrétienne, et qu'elle ne peut qu'être l'objet de toutes nos tensions, de tous nos efforts, de tous nos désirs, de toute notre volonté.
Nous qui avons été au bénéfice de la piété de Dieu le Père et de celle du Fils, il est de notre devoir le plus sacré, celui de la piété-éléos, de faire, nous aussi, miséricorde.

C'est ce à quoi nous sommes conviés au travers de cette béatitude qui est une promesse offerte par notre Maître dans Matthieu 5 v7 :
« Heureux les miséricordieux car ils obtiendront miséricorde. »
« heureux les éléèmones car ils obtiendront miséricorde. »
Il est intéressant de noter ceci, c'est que si la consolation est offerte aux affligés, le rassasiement à ceux qui ont faim et soif de justice, la miséricorde est promise à ceux qui ont de la miséricorde !
Autrement dit, Jésus ne leur promet rien d'autre que ce qu'ils vivent déjà : la miséricorde, la piété-éléos.
Dans toutes les autres béatitudes, la promesse contient un plus et conduit plus loin ; mais, ici, qu'est-ce que Dieu pourrait donner de plus aux miséricordieux ? La miséricorde est plénitude de Dieu et des hommes. Les miséricordieux vivent déjà de la vie même de Dieu !

e) La piété-hésèd

Il est temps pour nous de franchir un dernier portique pour clore notre visite de cette vallée des merveilles.
En le franchissant, nous faisons un bond dans le temps puisque nous plongeons dans les origines de la piété, là où tout a commencé, à la rencontre de Celui en qui il n'y a ni changement ni ombre de variation, le Dieu de l'Ancienne Alliance.
Ce portique est celui de la piété-hésèd.
Hésèd, un mot hébreux si riche que pour en exprimer tout le sens, le grec a dû utiliser quatre vocables : eusebeia, éléos, hosiotès et charis.
Sylvain Romérowski, exégète et pasteur baptiste, a écrit ce qui suit dans une étude éditée par le CNRS :

« Hésèd signifie partout dans la Bible, sauf en Esaïe 40v6, bonté, bienveillance, affection, amitié, faveur, grâce, piété. »
La richesse de ce mot, et ce qu'il révèle de notre Dieu, en fait un des plus beaux de sa Parole.
La hésèd fait partie du vocabulaire de l'Alliance. Elle désigne l'amour inébranlable de Dieu, capable de maintenir une communion pour toujours et quoiqu'il arrive, ainsi dans Esaïe 54v10 :
« Mon amour (hésèd) ne s'écartera pas de toi et mon alliance de paix ne chancellera point, dit l'Eternel, qui a compassion! » **Promesse faite à Israël.**

Or, cette piété, cet amour inconditionnel de Dieu pour un peuple dont l'histoire sera ponctuée de ruptures et de recommencements, suppose le pardon, expression parfaite de la miséricorde.
La hésèd, la miséricorde, au sens biblique, est bien plus qu'un aspect de l'amour de Dieu, elle est comme l'être même de Dieu qui se présente à Moïse dans ces termes (Exode 34v6) :
« Le Seigneur, Dieu plein de tendresse et de pitié, lent à la colère, riche en miséricorde (hésèd) et en fidélité. »
Dès lors, nous comprenons mieux le sens profond des paroles de Jésus lorsqu'il dit dans Luc 6v36 :
« Soyez miséricordieux comme votre Père est miséricordieux ! »
La miséricorde, la piété, la hésèd est assurément le plus pur reflet de Dieu dans une vie humaine.

8) Conclusion

En quoi la piété est-elle de nature à améliorer notre vision spirituelle et à développer notre discernement ? Telle était notre question.
Autrement dit, en quoi l'eusèbeia, l'hosiotès, l'éléos et l'hésèd peuvent-elles être les fondements de la sagesse ?
La réponse est claire et limpide :
En portant sur notre Dieu et sur nos semblables le regard de piété que le Fils lui-même porta. Adoration, affection, attachement, obéissance, respect filial envers notre Père qui est dans les cieux.
Compassion et miséricorde envers nos frères humains, bienveillance et bonté.
Enfin, en mettant en pratique le premier et le second commandement qui la résume parfaitement :

« Tu aimeras le Seigneur ton Dieu, de tout ton cœur, de toute ton âme, de toute ta pensée...
Tu aimeras ton prochain comme toi-même ! »

Que le Seigneur nous y aide ! Amen !

Chapitre VII : l'amour fraternel

1) Textes bibliques

Jean 13 v 35 :
« A ceci, tous connaîtront que vous êtes mes disciples si vous avez de l'amour les uns pour les autres. »

2 Pierre 1 v 1,9 :
« Faites tous vos efforts pour joindre à......la piété l'amour fraternel.... Celui en qui ces choses ne sont point est aveugle, il ne voit pas de loin».

2) Introduction

L'amour fraternel est donc la septième lentille correctrice que l'apôtre Pierre met à notre disposition pour corriger les défauts de notre vision spirituelle. Nous découvrirons en quoi cette lentille peut modifier notre regard sur nos frères, éclairer notre jugement sur eux, adoucir nos sentiments à leur égard et, enfin, modeler nos attitudes et nos actions envers eux.
Nous avons souligné précédemment une progression dans l'énumération des vertus citées par Pierre, énumération inaugurée par la foi et culminant avec la charité.
L'amour fraternel se situe donc en septième position dans cette échelle de croissance spirituelle.
C'est dire son importance symbolique car elle porte en soi les six qualités précédentes.
La huitième est la charité, l'agapè qui transcende toutes les autres !

3) L'amour fraternel : pierre de touche du véritable christianisme

L'amour fraternel n'est pas une notion qui nous est étrangère, tout au contraire !
Il est la marque même de l'oeuvre régénératrice de l'Esprit de Dieu dans le cœur et la vie des croyants !

Il constitue donc un des critères selon lequel la vie du chrétien sera jugée dans son authenticité ou, au contraire, dans sa fausseté, par les observateurs extérieurs ou l'église locale.
Le chrétien ne sera pas jugé sur son habillement, ni sur ses connaissances bibliques, ni sur ses airs évangéliques, ni sur le ton de sa voix, mais sur son amour fraternel !

Ecoutons seulement quelques textes de la Parole de Dieu !
1 Jean 3v10 :
« Celui qui n'aime pas son frère n'est pas de Dieu ! »
1 Jean 2v11 :
« Celui qui hait son frère est dans les ténèbres, il marche dans les ténèbres, et il ne sait où il va parce que les ténèbres ont aveuglé ses yeux. »

Mais nous lisons en contrepoint au verset 10 :
« Celui qui aime son frère demeure dans la lumière ! »

Comme vous pouvez le constater, l'amour fraternel est le révélateur de notre appartenance à la famille des enfants de Dieu, autrement dit, du royaume de lumière.
Celui qui aime son frère demeure dans la lumière.
Le terme grec, ici agapé, désigne l'amour divin versé dans le cœur des croyants. C'est un amour qui surpasse infiniment dans ses effets et dans ses conséquences, tant sur ses bénéficiaires que sur celui qui le donne, ce que l'esprit le plus hardi est capable d'imaginer.
A l'inverse de cette démarche d'amour total et sans réserve, se trouve opposée celle de l'absence d'amour envers les frères.
Celui qui n'aime pas son frère n'est pas de Dieu !
Sous-entendu, s'il n'aime pas son frère, c'est qu'il n'a pas en lui l'agapè, l'amour de Dieu.

a) Ne pas aimer, c'est haïr

Or, voici que l'apôtre Jean utilise une autre formule qui, de prime abord, peut nous choquer, voire nous heurter. Pour Jean, celui qui n'aime pas son frère, c'est aussi celui qui le hait !
Le terme est fort et nécessite quelque éclaircissement.
Le terme grec utilisé est miséo, qui signifie haine, détestation, aversion, horreur.

Nous retrouvons cette opposition radicale dans cette déclaration de Jésus (Luc 14v26)
« Si quelqu'un vient à moi, et s'il ne hait pas son père, sa mère, sa femme, ses enfants, ses frères et ses sœurs, et même sa propre vie, il ne peut être mon disciple ! »

Nombre de commentateurs ont cherché à atténuer la force de ce mot, en traduisant par préférer à.
Ainsi : s'il ne me préfère pas à toute sa famille et à sa propre vie !
Or, il s'agit bien ici d'avoir de l'aversion ou d'avoir en horreur y compris sa propre vie, laquelle doit son existence au père et à la mère, qui l'ont aussi transmise aux autres enfants.
Par ailleurs, c'est Jésus qui demande d'honorer ses parents ! Comment expliquer cette apparente contradiction ?
En énumérant les ascendants et les descendants de la famille, Jésus ne désigne pas des individus en tant que tels qu'il appelle par ailleurs à aimer, mais les représentants d'une génération issue de la chair, perpétuatrice du péché que Satan introduisit au cœur du premier couple humain.
Il ne s'agit donc pas de haïr tel ou tel membre de sa famille, mais d'avoir en horreur le triste et funeste héritage de la chair que chacun porte en soi.

Ainsi, à tous ceux qui, par intérêt ou vénalité, manifestaient le désir de le suivre pour profiter de ses largesses ou de sa notoriété, Jésus demande de renoncer aux mobiles hérités de la chair et du péché.
Devenir un disciple de Christ, le Fils de Dieu, c'était entrer dans la famille des enfants de Dieu et du coup, tenir en horreur et haïr tout ce qui procédait de la génération de la chair.

En d'autres circonstances, Jésus reprendra la même idée en des termes différents :
Matthieu 16v24 :
« Il dit à ses disciples : si quelqu'un veut venir après moi, qu'il renonce à lui-même, qu'il se charge de sa croix et qu'il me suive. Car celui qui voudra sauver sa vie la perdra, mais celui qui la perdra à cause de moi, la sauvera ».
Luc 14v33 :
« Quiconque d'entre vous ne renonce pas à tout ce qu'il possède ne peut être mon disciple ».
Nous pensons ici au jeune homme riche.

b) Incompatibilité entre lumière et ténèbres

La radicalité des propos de Jésus, repris par l'apôtre Jean dans l'opposition amour/haine, sauver/perdre ne fait qu'exprimer la dimension de l'abîme qui sépare le royaume de lumière du monde des ténèbres.
Cette radicalité souligne l'absolue incompatibilité et l'irréductible opposition qui les caractérisent.
C'est cette idée-force qui est reprise par l'apôtre Paul dans 2 Corinthiens 6 v14-15 :
« Ne vous mettez pas avec les infidèles sous un joug étranger. Car, quel rapport y a-t-il entre la justice et l'iniquité ? Ou qu'y a-t-il de commun entre la lumière et les ténèbres ? Quel accord y a-t-il entre Christ et Bélial ? Bélial étant identifié à Satan (etym : indignité, méchanceté, destruction).
Cette opposition entre la lumière et les ténèbres, mentionnée par Paul, qui s'inscrit dans la même logique que les déclarations de Jésus, nous permet de mieux comprendre l'usage du mot « haïr » lorsque ce dernier affirme : « Celui qui hait son frère est dans les ténèbres ».
Nous aurions préféré qu'il soit écrit : « celui qui n'aime pas du tout son frère est dans les ténèbres ! »
Une telle formule nous aurait permis une certaine latitude dans l'expression de notre amour fraternel, à la manière dont les amoureux effeuillent la marguerite : « je t'aime un peu, beaucoup, passionnément, à la folie... pas du tout ! ».

Le problème, c'est que de telles nuances sont étrangères à la conception biblique de l'amour-agapè, de l'amour de Dieu, du Père des lumières, chez qui il n'y a ni changement, ni ombre de variation (Jacques 1v17).
L'amour de Dieu qui devrait animer nos vies, les remplir et les faire rayonner de l'éclat de sa lumière, se caractérise par la blancheur de sa pureté.
Or, cette blancheur immaculée, c'est-à-dire sans tache, plus blanche que la neige, ne saurait voir son éclat altéré par quelque ombre que ce soit.
Vous n'y trouverez aucune nuance de gris aussi ténue soit-elle !
Le gris est étranger au royaume de lumière car il est une expression trompeuse du monde des ténèbres. En effet, le gris est considéré comme une couleur teinte intermédiaire entre le blanc et le noir. En théorie, c'est un mélange de blanc et de noir auxquels peuvent s'adjoindre le rouge, le bleu, le vert, le jaune, l'orange ou l'indigo, constituants de la lumière blanche.
Le gris est trompeur car son mélange chromatique ne fait que suggérer ses diverses composantes sans en révéler ni la nature exacte, ni les proportions. La nature d'un gris ne peut s'apprécier que de façon subjective, en fonction du ressenti de chacun. En la matière, il n'y a pas de vérité vraie, objective !
En d'autres termes, sur le plan spirituel, le gris peut représenter le mélange trompeur du bien et du mal, de la vérité et de l'erreur, du vrai et du faux, du bon et du mauvais, de l'authentique et de la contrefaçon !
Tel est le génie de l'Adversaire, du père du mensonge qui, en dosant subtilement le blanc et le noir, le vrai et le faux, est capable de si bien travestir le mensonge qu'il prend des allures de vérité, dans tous les domaines y compris celui de l'amour.
Le Seigneur Jésus savait tout cela lorsqu'il disait à ses disciples dans Matthieu 7v15 :
« Gardez-vous des faux prophètes. Ils viennent à vous en vêtements de brebis, mais au-dedans, ce sont des loups ravisseurs ».
L'auteur des Proverbes mettait aussi ses lecteurs en garde contre ceux qui prétendent être ce qu'ils ne sont pas :
« Comme des scories d'argent appliquées sur un vase de terre, ainsi sont les lèvres brûlantes et un cœur mauvais. Par ses lèvres, celui qui

hait se déguise, et il met au dedans de lui la tromperie. Lorsqu'il prend une voix douce, ne le crois pas ! ».

Enfin, l'apôtre Paul qui avait vu se dresser devant lui nombre de détracteurs et de calomniateurs, les définit en ces termes dans 2 Corinthiens 11 v 13-15 :

« Ces hommes-là sont de faux apôtres, des ouvriers trompeurs, déguisés en apôtres de Christ. Et cela n'est pas étonnant, puisque Satan lui-même se déguise en ange de lumière. Il n'est pas étrange que ses ministres se déguisent en ministres de justice. Leur fin sera selon leurs œuvres ! ».

c) Un amour fraternel sans mélange

Nous comprenons mieux, à la lumière de ce que nous venons de voir, que notre amour pour les frères doit être sans mélange, que la clarté de notre regard doit refléter la pureté de nos sentiments.

L'apôtre Paul écrivait aux Ephésiens ch 4v15, cette belle parole :

« Afin que, professant la vérité dans l'amour, nous croissions à tous égards en celui qui est le chef, Christ. »

Le couple vérité-amour est ici indissociablement lié. Appliqué à l'expression de l'amour fraternel, il exclut de son jumelage, tout faux-semblant, toute duplicité et, à fortiori, toute hypocrisie !

Dès lors, rabaisser les exigences de la charité, c'est porter atteinte à la vérité.

Autrement dit, ne pas être totalement vrai dans l'expression de son amour, c'est ne pas aimer en vérité ! Et ne pas aimer en vérité, c'est ne pas être vrai !

Ce qui revient à dire avec l'apôtre Jean : « Celui qui n'aime pas son frère n'est pas de Dieu... Celui qui hait son frère est dans les ténèbres ».

La réalité du monde des ténèbres, c'est que même si, dans sa stratégie de séduction, il s'accommode
de toutes les nuances non agressives et attrayantes du gris, sa couleur fondamentale est le noir !

Il en résulte que tout ce qui ne participe pas du royaume de la lumière, porte l'empreinte indélébile et mortelle du monde des ténèbres, à savoir celle de sa noirceur.

La réalité, c'est que, sur le plan spirituel et aux yeux de Dieu, il n'y a pas de gris mais que du noir !
Il n'y a pas de demi-vérité, mais que du mensonge !
Il n'y a pas d'apparence du beau, mais de la laideur !
Il n'y a pas de justice relative, mais de l'iniquité !
Il n'y a pas, enfin, d'un peu d'amour, mais il n'y a que de la haine !

Aux yeux de Dieu, ne pas aimer son frère, revient tout simplement à le haïr, car telle est la loi du monde des ténèbres qui hait la lumière de l'agapè divin.
Or, cette haine envers la lumière fut si féroce que, lorsqu'elle vint éclairer les hommes en la personne du Fils de Dieu, présenté comme la lumière des hommes, Jean nous rapporte au chapitre 1 v 1-3 de son évangile, que « les ténèbres ne l'ont point reçue ».
Puisse le Seigneur nous préserver d'avoir envers nos frères des sentiments partagés, mitigés, car la tiédeur comme la grisaille de nos sentiments, signeraient notre allégeance au prince de ce monde !

d) Examen de conscience

Interrogeons-nous sans complaisance, avec honnêteté et humilité, en nous laissant juger par la Parole de Dieu et posons-nous la question suivante :
« Y a-t-il près de moi un frère envers lequel mon amour ne serait pas entier, sans réserve ; un frère ou une sœur pour lesquels mes sentiments seraient mélangés à quelque ressentiment, à quelque aversion, à quelque acrimonie voire à de l'indifférence ? ».
Si tel est le cas, il est urgent pour son bonheur, pour mon bien et pour celui de l'église, que je me repente et que je demande à Dieu de me pardonner, de purifier mon cœur et de me remplir de son amour !

Urgent pour son bonheur, car tout élément perçu comme rompant ou dénaturant notre relation est cause de tristesse et de souffrance ; un regard fuyant, des paroles formelles sans chaleur, des attitudes d'évitement ou d'indifférence, voilà autant de signes qui trahissent un défaut d'amour.

Urgent pour mon bien, car entretenir ainsi de tels sentiments ne peut que nuire, non seulement à ma relation à l'autre mais aussi, et avant tout, à ma relation avec mon Maître, de laquelle dépend mon épanouissement spirituel, autrement dit, ma joie, ma paix, mon bonheur.

Urgent enfin, pour le bien de l'église, car mon manque d'amour pour un frère constitue un interdit sur l'église dont je suis solidaire. Mon péché, car c'est un péché, entache toute la communauté, attriste le Saint-Esprit et le freine dans la dispensation de ses grâces.

La question est d'importance et ne pas se la poser, ou pire, éviter de se la poser, nous confinerait dans les ténèbres et jetterait un voile sur la lumière que le Seigneur veut que nous reflétions !
N'oublions pas cette parole du Maître déjà évoquée : « A ceci tous connaîtront que vous êtes mes disciples, si vous avez de l'amour les uns pour les autres ! »

e) Faites tous vos efforts

« Faites tous vos efforts pour joindre à la piété l'amour fraternel ! » dit l'apôtre Pierre.
L'apôtre souligne ici le fait que l'amour fraternel n'est ni naturel, ni automatique, étant un fruit de l'Esprit qui demande à être cultivé. Certes, sa graine a été semée dans un cœur préparé par le Seigneur lui-même, mais il faudra l'entretenir et le sarcler sans cesse pour en extirper toutes les racines du mal. Il s'agit là de la part qui nous incombe et qui nécessite des efforts.
Nous le savons par expérience, et les campagnards mieux que les citadins, un jardin mal entretenu revient rapidement à son état naturel. Comme le chiendent, les mauvaises herbes revendiquent sans tarder leurs droits de propriété. Ainsi en est-il du jardin de nos âmes !
Aimer ses frères peut paraître facile dès lors que notre engagement dans l'église se résume au côtoiement dominical qui n'implique aucune confrontation d'idées ni aucun choix important.
Dans de telles conditions, comme le dit la formule populaire : tout le monde est beau, tout le monde est gentil !

Les choses sont plus difficiles lorsque notre engagement est plus entier, voire total.

C'est lorsque que les circonstances obligent à des choix, à des prises de décisions collectives où s'affrontent des opinions ou des points de vues divergents, que l'amour fraternel va être mis à l'épreuve.

C'est le moment que l'Adversaire choisira pour exploiter la situation et la faire tourner à son avantage.

Il tentera d'utiliser les points faibles de chacun, et plus particulièrement l'orgueil commun à chacun, pour transformer les partenaires d'hier en adversaires de demain.

Il essaiera par tous les moyens de noircir l'image que chacun a de l'autre en grossissant les traits de ses défauts, en exagérant les propos parfois maladroits de l'un ou les attitudes équivoques de l'autre.

Sa méthode n'a rien de brutal car elle mettrait en alerte les frères désireux de servir le Seigneur.

Au contraire, elle se veut insidieuse, lente et progressive. Le but de l'Adversaire est de rendre aveugle chaque enfant de Dieu aux réalités révélées à la lumière de l'amour fraternel.

Il s'agit donc pour lui d'éroder et de saper les bases de cet amour, en introduisant du gris dans les relations auxquelles il ajoutera savamment une dose de noir.

L'aboutissement d'un tel processus diabolique est une immense source de souffrances qui laissent des traces dans les cœurs, quand bien même, et par la grâce de Dieu elle aussi immense, la lumière serait revenue par la restauration de l'amour fraternel.

Peut-être pensez-vous, cher lecteur, que le tableau que je viens de brosser est une vue de l'esprit, une construction mentale, et qu'il faudrait être de piètres chrétiens pour en arriver à de telles extrémités. Détrompez-vous, car croire cela laisserait entendre que nous avons ici-bas atteint la perfection, et que l'appel à la vigilance dans le bon combat de la foi serait une exhortation superfétatoire, ce qui serait en contradiction avec la Parole de Dieu.

Il s'agit bien d'une réalité qui affecte l'Eglise d'aujourd'hui comme elle affecta celle d'hier.

f) L'amertume par défaut d'amour fraternel

Ce n'est pas pour rien que l'auteur de l'épître aux Hébreux les exhorte en ces termes avisés ch 12 v 14-16 :
« Recherchez la paix avec tous, et la sanctification sans laquelle nul ne verra le Seigneur. Veillez à ce que nul ne se prive de la grâce de Dieu ; à ce qu'aucune racine d'amertume, poussant des rejetons, ne produise du trouble, et que plusieurs n'en soient infectés. »
L'amertume est un sentiment qui, comme l'acide corrode le calcaire, ronge l'âme d'une brûlure lancinante. Elle n'est pas sortie du néant car elle résulte souvent, d'une blessure causée par un manque d'amour fraternel : une critique acerbe, une accusation infondée, un jugement sans appel, une parole dure ou tout simplement l'indifférence, sont autant de sources d'amertume.
Il peut arriver aussi qu'elle résulte d'une susceptibilité exacerbée par une hypertrophie du Moi.
L'Ecclésiaste disait à juste titre que rien n'est nouveau sous le soleil !

g) la lentille de la philadelphia

Or, voici que l'amertume, fruit d'une frustration d'amour fraternel ou d'une trop grande susceptibilité, possède un antidote qui est précisément l'amour fraternel lui-même !
Et c'est ici que la parole de Pierre prend tout son relief et que l'image de la lentille correctrice démontre toute sa pertinence. Cette lentille porte aussi le nom en grec de philadelphia.
La philadelphia que l'on traduit par amour fraternel ou amour des frères, désigne littéralement le sentiment de bienveillance, de gentillesse, d'amitié que doivent se manifester les frères et sœurs.
Or, ce qui caractérise cette fraternité, c'est précisément qu'elle ne découle pas des liens naturels de la filiation humaine, mais des liens surnaturels de la filiation divine établie en Christ et par Christ, filiation spirituelle qui introduit le croyant dans la vaste famille des enfants de Dieu.
Nous comprenons donc que se nourrissant de l'agapè, de l'amour divin si parfaitement exprimé en la personne de Jésus-Christ, la philadelphia, l'amitié entre les frères, trouve là un aliment inépuisable à sa croissance et à son développement.

Nous avons parlé de l'amertume et mentionné la philadelphia conne un puissant antidote.
Sachant que les seules forces humaines sont impuissantes à briser le cercle vicieux de la blessure-souffrance-amertume-haine, désir de revanche, il est de la première importance de répondre à la question suivante :
« Comment la philadelphia, l'amour fraternel, peut-il réaliser ce miracle ? »
C'est ici que la philadelphia prend tout son sens au travers de l'image du verre correcteur.

Alors que les sombres nuages des sentiments charnels déversent sur l'âme ses pluies acides et corrosives, obscurcissant son horizon dans un environnement de plus en plus hostile, la Parole de Dieu se fait entendre, dans un impératif incontournable : « Fais tous tes efforts pour aimer ton frère qui t'a blessé ! »
« Impossible, Seigneur, soupire l'âme blessée ! J'ai beau essayer mais je n'y arrive pas ! Je suis épuisée, brisée, abattue. Ce que tu me demandes est au-dessus de mes forces. Le souvenir de l'injustice qui m'a frappé est sans cesse présent et m'écrase chaque jour davantage ! Je voudrais pardonner et sortir de ce cauchemar qui m'obsède mais en vain. Seigneur, tu sais que je t'aime, aide moi ! Remplis-moi de ton amour et pardonne-moi qui suis un pécheur! ».
Quel combat, mes amis, que celui que mène cet enfant de Dieu contre les puissances des ténèbres. Un combat long et douloureux, le combat de la foi ! Mais un combat dont, miraculeusement, il va sortir vainqueur ! Tout meurtri, mais vainqueur !
Car, en effet, à la prière agonisante de son enfant bien-aimé, le Seigneur a répondu !
Et de quelle manière ! Il s'est présenté à lui sous les traits du crucifié, sous les traits de celui qui portait dans sa chair et dans son âme le poids et la morsure de toutes les injustices, de toutes les iniquités, de toutes les ignominies, de toutes les souffrances et de toutes les atrocités humaines.
Et Il lui a fait entendre cette parole sublime entre toutes : « Père, pardonne-leur, car ils ne savent ce qu'ils font ! » Et, puis, cette autre que le Seigneur avait prononcée avant d'être cloué sur la croix d'infamie : « aimez-vous comme je vous ai aimés ».

C'est alors que, contemplant son Sauveur et écoutant ses paroles qui le pénètrent et le bouleversent à nouveau, il sent en lui la chaleur de son amour qui éclaire son âme et la réchauffe, tandis que le souffle de l'Esprit-Saint, tel un zéphyr en chasse les nuages !
Peu à peu, la clarté se fait dans son esprit. Peu à peu le ressentiment diminue en intensité. Peu à peu s'estompent les sentiments négatifs éprouvés envers son frère, tandis que sont mises en valeur ses qualités et que se restaure dans son cœur la philadelphia envers lui.

Car, entre lui et son frère, se tient le Sauveur lui-même, qui dans un geste de bénédiction, scelle cette fraternité miraculeusement restaurée. Quelle grâce, cher lecteur, cher ami, qu'un tel miracle ait été rendu possible ! Mais, il a fallu pour ce faire que la lumière du Christ chasse les ténèbres et dissipe l'obscurité !
Il a fallu pour cela regarder comme au premier jour, la personne aimante du Seigneur crucifié, pour que resurgisse cet amour fraternel dont le pardon est l'expression la plus aboutie !
Est-ce à dire que le combat est terminé, que plus aucun nuage ne viendra ternir cette amitié retrouvée ? Ce serait oublier que toute blessure laisse des marques, comme des cicatrices chéloïdiennes qui provoquent des démangeaisons que l'Adversaire essaiera d'exploiter à son avantage.
C'est bien pourquoi, l'apôtre Pierre nous engage à faire tous nos efforts pour maintenir, conserver, développer notre amour fraternel, cette philadelphia qui nous permettra de regarder tous nos frères à la lumière de l'amour du Christ.

4) Conclusion

Si l'amour fraternel s'exprime de mille et une façons, par un sourire, une main tendue, un regard affectueux, une parole de réconfort, une aide matérielle, un conseil bienveillant, autant de choses qui contribuent à créer une atmosphère de paix, de joie et d'harmonie, c'est bien au travers du pardon mutuel qu'il trouve son expression la plus élevée.
Mais pour tout cela, il nous faut regarder nos frères avec la lentille de l'amour fraternel.

Prière :

« Que le Seigneur nous encourage à cultiver pour sa gloire, cette philadelphia, témoignage le plus lumineux pour les hommes de son éternel amour !

Chapitre VIII : la charité

1) Textes bibliques

2 Pierre 1 v 6,7,9 :
« Faites tous vos efforts pour joindre à votre foi la vertu, à la vertu la science, à la science la tempérance, à la tempérance la patience, à la patience la piété, à la piété l'amour fraternel, à l'amour fraternel la charité... Celui en qui ces choses ne sont point est aveugle, il ne voit pas de loin ».

Jean 13 v 25 :
« A ceci, tous connaîtront que vous êtes mes disciples, si vous avez de l'amour les uns pour les autres ».

1 Corinthiens 13 v 13 :
« Maintenant donc ces trois choses demeurent : la foi, l'espérance et la charité ; mais la plus grande de ces choses, **c'est la charité** ».

2) Introduction :

Nous voici arrivés, cher lecteur, au terme de notre longue ascension qui culmine par la charité, autrement dit de l'agapè.
Je vous avouerai qu'en abordant ce sujet, j'ai été saisi d'un double sentiment, celui de mon insuffisance devant un mot si riche de sens, et celui d'un vertige face aux immenses horizons qui s'ouvraient à moi.

En effet, parler de l'agapè, c'est poser ses pieds sur une terre sacrée, celle où règne le Seigneur de l'univers, le Dieu trois fois saint dont la majesté est si éblouissante que nul ne peut le regarder en face et vivre. C'est devoir ôter les souliers de ses pieds car, comme pour Moïse devant le buisson ardent, cette terre est une terre sainte !

Mais parler de l'agapè, de l'amour divin, c'est aussi franchir les derniers mètres qui nous séparent de la croix de Christ pour contempler Celui qui en est l'incarnation suprême et la manifestation parfaite.

C'est aussi, dans le même temps, prendre conscience qu'à travers Lui, la barrière qui nous empêchait de voir Dieu face à face était tombée, que le voile qui nous séparait du lieu très saint était déchiré, que notre péché était expié, et que par Lui nous avions accès au trône même de Dieu, qui nous est présenté comme notre Père céleste.

A travers Jésus-Christ son Fils, je peux donc contempler la gloire du Père sans être consumé, car en Lui s'est exprimée la justice de Dieu – Il a expié mon péché sur la croix – car en Lui, s'est manifesté au plus haut degré son amour – Il a offert sa vie pour que je vive !

Dès lors, voici que la sainteté divine qui tenait à l'écart le grand Moïse, voici que cette sainteté même incarnée en Jésus-Christ, m'attire, m'appelle et me confond tout à la fois, conscient que je suis de mon indignité, face à Celui qui exprime un amour d'une telle richesse, d'une telle profondeur, qu'il constitue pour moi le plus grand des mystères !

Certes, le mystère de l'agapè divin nous a été révélé au travers du sacrifice de Jésus-Christ, et nous avons là amplement matière à réfléchir pour nourrir notre foi et alimenter notre adoration. Cependant, cette révélation aussi riche soit-elle, ne saurait nous dévoiler tout ce qui nous reste encore caché de la nature réelle et profonde de l'être divin et de son amour.

Le Psalmiste conscient de cela, s'exprimait dans le Psaumes 145 v 3 :
« L'Eternel est grand et son amour est insondable ! »

Au Psaume 92 v 6, il surenchérit en ces termes :
« Que tes œuvres sont grandes, Ô, Eternel ! Que tes pensées sont profondes ! »

Et, comme en écho aux paroles du Psalmiste, l'apôtre Paul s'écrie dans un élan d'admiration et d'adoration devant la miséricorde divine envers les pécheurs, dans Romains 11 v 33 :

« Ô, profondeur de la richesse, de la sagesse et de la science de Dieu ! Que ses jugements sont insondables et ses voies incompréhensibles ! En effet, qui a connu la pensée du Seigneur, ou qui a été son conseiller ? Qui lui a donné le premier pour qu'il ait à recevoir en retour ? C'est de Lui, par Lui et pour Lui que sont toutes choses. A Lui la gloire dans tous les siècles ! Amen ! »

Ce grand apôtre qui avait entendu des paroles ineffables lorsqu'il fut ravi au troisième ciel (2 Corinthiens 12 v1), qui avait reçu l'intelligence du mystère de l'Evangile (Ephésiens 6 v19), qui avait eu la révélation du mystère du Christ, est conscient que ce qu'il a appris de l'amour divin ne fait que révéler quelque chose de plus profond encore qu'il lui reste encore à découvrir.

Ecoutons ce qu'il nous dit dans 1 Corinthiens 13 v 12-13 :
« Aujourd'hui, nous voyons au moyen d'un miroir, d'une manière obscure, mais alors, nous verrons face à face ; aujourd'hui, je connais en partie, mais alors, je connaîtrai comme j'ai été connu.
Maintenant donc ces trois choses demeurent : la foi, l'espérance et la charité. Mais la plus grande de ces choses, c'est la charité ».

3) l'amour parfait incarné en Christ

Or, voici que cet agapè qui ne périt jamais, par lequel l'apôtre Jean qualifie et désigne Dieu lorsqu'il dit : « Dieu est amour » (1 Jean 4 v 8), voici que cet amour nous a été rendu sensible, palpable en s'exprimant de façon visible au travers d'une vie d'homme, celle de Jésus-Christ, Dieu fait homme, descendu parmi les hommes pour les réconcilier avec son Père, notre Père !
Cependant, s'Il a su attirer les hommes par l'exemplarité de sa vie, par la constance de son amour envers les plus déshérités, c'est dans sa mort sacrificielle que Jésus-Christ, crucifié comme un criminel, Lui, l'incarnation des plus nobles vertus, va manifester un amour qui dépasse toute conception humaine, lorsqu'il fera cette prière hors du commun :

« Père, pardonne-leur, car ils ne savent ce qu'ils font ! »

Prière adressée en faveur de tous à commencer par ses propres bourreaux !
Prière adressée en faveur de chacun de vous qui lisez aujourd'hui ces lignes !

Qu'Il est grand, cher lecteur, cher ami, celui qui prononça de telles paroles, alors même que le sang coulait de son front meurtri par une couronne d'épines, que son dos brûlait des marques de la flagellation, que les clous déchiraient ses chevilles et ses poignets, que les crachats de la foule collaient à son visage !

Car, c'est cela aussi le visage de l'incarnation de Dieu en Jésus-Christ ! C'est toute cette souffrance physique supportée par l'homme Jésus, c'est toute cette souffrance morale infligée par le fouet de l'injure, de l'injustice et de la haine ! C'est cette immense détresse spirituelle que la solitude fera peser sur son âme en agonie, lorsque revêtu de l'abjection de nos fautes et de notre péché, il
s'écriera : « Mon Dieu, mon Dieu, pourquoi m'as-tu abandonné ? », avant de remettre son esprit entre les mains de son Père.
Puis, nous est-il dit dans Matthieu 27v50 : « Il poussa un grand cri et il rendit l'esprit ».

Il poussa un grand cri ! Un cri rauque, guttural, nous dit le terme grec, kraksas !
L'entendez-vous, cher ami, ce cri de détresse qui jaillit des entrailles même du Fils de Dieu et qui signe la fin de son agonie ?
L'entendez-vous ce cri qui concentre et exprime toute la souffrance de celui qui emporte dans sa mort tout le péché d'une humanité dévoyée dont il porte la sanction ?
L'entendez-vous ce dernier cri que le Sauveur fait entendre alors que les ténèbres sont en train de l'engloutir dans la puanteur des immondices humaines ?
L'entendez-vous ce grand cri qui exprime la solitude glaciale qui, en cet instant, étreint, enserre, broie, et son âme et son cœur ?
L'entendez-vous cette ultime expression du Fils de l'homme que la souffrance prive de parole, mais dont la plainte, jaillie du fond de son être déchiré et écartelé, crie à Dieu son Père et à tous les hommes ses frères, son amour entier, son amour total, son amour sans bornes ?

L'entendez-vous vous dire, aujourd'hui encore, aujourd'hui même ce message d'amour :
« Mon frère, ma sœur, mon cher frère, ma chère sœur, je t'aime d'un amour éternel, c'est pourquoi je te donne ma vie pour que tu vives éternellement. Crois seulement ! » ?

L'entendez-vous enfin, ce cri d'amour de votre sauveur, cri de souffrance extrême qui en donne là toute la mesure et toute la dimension ?
« Il n'y a pas de plus grand amour que de donner sa vie pour ceux qu'on aime! »
En cet instant même, le Seigneur Jésus offre à nos regards le spectacle, ô combien douloureux, de la réalisation de sa parole.

Car, si vous n'entendez pas ce long cri du Christ poussé sur la croix de Golgotha, sachez que Satan et ses anges déchus, Satan appelé le prince des ténèbres et son armée d'esprits démoniaques, l'ont entendu et qu'ils ont ajouté aux cris vengeurs de la foule, leurs sarcasmes et leurs moqueries à l'égard du crucifié dont la mort signe pour eux leur victoire sur le Fils même de Dieu !

Ce qu'ils ne savaient pas, c'est que l'agapè, l'amour divin était plus fort que la mort et que trois jours après, le Père ressusciterait son Fils bien-aimé !

4) L'amour parfait du Père :

Or, voici que ce cri de déchirement et d'amour mêlés, qui fut entendu, et sur terre et jusque dans les abîmes, voici qu'il s'élève et s'amplifie jusqu'à résonner dans la demeure céleste de Dieu le Père !
Et là, toutes les populations angéliques sont étreintes d'une sainte émotion, et sont bouleversées par ce qu'elles voient et entendent, en contemplant l'agonie de celui en qui elles reconnaissent l'incarnation de leur Maître bien-aimé, du Fils même de Dieu, de Dieu le Fils lui-même !

Mais que dire, cher lecteur, des résonances que ce cri provoque dans le cœur même de Dieu le Père ! Lui qui a tant aimé le monde, qu'Il a

donné son Fils unique afin que, quiconque croit, ne périsse pas, mais qu'il ait la vie éternelle !
Que dire du déchirement que le spectacle de l'agonie du Fils provoque dans le sein même du Père !
Il aurait pu d'un mot mettre fin à sa propre souffrance en faisant cesser celle de son Fils, mais Il ne le fit point. Son amour pour ses créatures était si grand, si fort que pour satisfaire les exigences de l'absolu de sa justice, il fallait que le Fils, le Saint et le Juste, le seul parmi les hommes qui incarnait la pureté et l'innocence parfaites, subît jusqu'à la fin la peine de nos forfaits !

Qu'Il est grand l'amour que le Père porte à chacun de nous pour avoir accepté, Lui le Créateur, Lui, le Souverain de l'univers, Lui dont la nature tout entière chante la gloire, de livrer son Fils à la vertigineuse réduction imposée par son incarnation avant de le livrer à l'ignominie d'une condamnation inique et aux affres de la crucifixion !
Assurément, ce cri bouleversant qui jaillit du corps brisé du Fils pendu sur la croix, est l'expression terrestre de celui qui se répandit dans les lieux célestes, tandis que le Père, lui aussi, subissait dans son être le plus profond le plus intime, les souffrances d'une telle amputation !
Oui, cher lecteur, le mystère d'un tel amour nous dépasse infiniment car il plonge ses racines dans l'être même de Dieu dont la nature échappe aux investigations de la pensée humaine la plus hardie.
Amour insondable, amour infini certes, mais un amour qui s'est révélé à nous, non pas seulement comme une vérité théologique, objet des investigations légitimes de notre pensée, mais un amour qui s'est révélé comme une vérité expérimentale, dans sa dimension humaine que nous a donnée à voir la personne de Jésus-Christ.

5) Aimer, c'est se sacrifier :

Dès lors, cet agapè divin dont le cri de Jésus nous dévoile l'intensité, nous révèle dans le même temps, l'étendue de son action qui s'exprime de façon magistrale par le sacrifice.
Voilà, chers amis, un mot qui sonne étrangement dans notre monde actuel où règne en maître l'idéologie du chacun pour soi et du plaisir à tout prix !

Que ne sacrifie-t-on pas sur cet autel moderne pour satisfaire ses propres envies et préserver sa sacro-sainte liberté ? Nos enfants eux-mêmes, chair de notre chair, n'échappent pas à la tyrannie de ce Moloch moderne qui porte le nom de divorce !

Or, le véritable amour ne consiste pas à sacrifier les autres à des fins essentiellement égoïstes, mais à se sacrifier soi-même pour le bonheur de l'autre.
En disant cela, nous touchons du doigt le mystère de l'amour divin, de l'amour vrai.
Amour mystérieux, car étranger au cœur de l'homme naturel.
Mais, amour dévoilé par l'Esprit-Saint au cœur de l'homme régénéré, né de nouveau par la contemplation du Christ crucifié, qui en est la révélation et l'expression la plus parfaite.

Découvrir Dieu dans la profondeur, la grandeur et la puissance de son amour, ce n'est pas seulement admirer les merveilles de sa création, car cela est encore insuffisant ; c'est d'abord et jusque dans l'éternité, tourner les regards vers la croix du Calvaire et entendre, et réentendre cette parole du Fils de Dieu crucifié :
« Père, pardonne-leur car ils ne savent ce qu'ils font ! »

6) Le pardon : expression suprême de l'amour :

Dans ce mot pardonner, se trouve concentré et exprimé tout le dessein de Dieu envers ses créatures égarées et séparées de Lui à jamais.

Pardonner est donc la pierre de touche de l'amour vrai !

Car, pardonner, c'est oublier ses griefs envers celui qui a blessé ou déshonoré, c'est être disposé à effacer la dette morale contractée par un frère injuste ou maladroit ou par quiconque d'autre.

In fine, pardonner, c'est rien moins que crucifier son moi qui revendique parfois impétueusement ses droits à la justice voire à la vengeance, c'est en un mot, se sacrifier pour rompre le cercle infernal de la haine et de la souffrance, au nom de l'amour, au nom du Christ !

L'apôtre Paul abordant ce sujet avec les chrétiens de Rome, leur écrit dans Romains 12 v 17-21 :
« Ne rendez à personne le mal pour le mal. Cherchez ce qui est bien devant tous les hommes. S'il est possible, autant que cela dépend de vous, soyez en paix avec tous les hommes. Ne vous vengez point vous-mêmes, bien-aimés, mais laissez agir la colère, car il est écrit : « à moi la vengeance, à moi la rétribution, dit le Seigneur ». Mais, si ton ennemi a faim, donne-lui à manger ; s'il a soif, donne-lui à boire ; car en agissant ainsi, ce sont des charbons ardents que tu amasseras sur sa tête. Ne te laisses pas vaincre par le mal, mais, surmonte le mal par le bien ».

Comme nous venons de le voir, la vengeance qui se définit comme « la peine causée à un offenseur pour la satisfaction personnelle de l'offensé » (dictionnaire Littré), ne nous appartient pas !
Elle n'appartient qu'à Dieu qui est le seul à pouvoir juger justement et à sanctionner avec justice selon qu'Il le juge nécessaire.
Nous devons donc nous en remettre à Lui et à Lui seul, car Lui seul connaît les cœurs.
Or, l'apôtre Paul ne s'arrête pas à ce stade, mais il nous entraîne sur un chemin difficile qu'il nous appartient de parcourir, et que nous pourrions définir comme « le chemin du pardon en action ».
Il ne s'agit plus là de renoncer à se rendre justice soi-même, mais, de façon positive d'aller vers l'offenseur et de lui prodiguer des gestes d'amour : « s'il a faim, s'il a soif, donne-lui ! ».

Voilà, cher lecteur, jusqu'où doivent conduire les exigences de l'amour !
Non seulement renoncer à soi-même, mais encore et de surcroît, se donner à l'autre librement, généreusement, sincèrement, totalement !
Paul appelle cela : surmonter le mal par le bien !

En d'autres termes, et en agissant ainsi, c'est dire au Seigneur : « Tu es la source de ma vie, cette vie que je veux te consacrer, cette vie que tu veux que je t'offre à toi seul, cette vie que je te demande de sanctifier. Alors, donne-moi la force et les ressources spirituelles pour que je la sacrifie pour toi, pour qu'elle soit faite sacrée en ton honneur ! ».

Un beau cantique que chantait souvent ma mère lorsque j'étais enfant, traduit bien cette prière :
« Viens m'apprendre à t'aimer, c'est en toi qu'est la vie, en toi qu'est le bonheur et la félicité.
Viens m'apprendre à t'aimer, ainsi qu'au ciel on t'aime, m'apprendre à t'adorer comme on t'adore au ciel. Au ciel, je te verrai, toi, la beauté suprême, au ciel, je t'aimerai, d'un amour éternel ! ».

Viens m'apprendre à t'aimer, mais aussi, viens m'apprendre à aimer, ainsi qu'au ciel on aime !
Voilà donc l'objectif suprême que le Seigneur nous a fixé pour notre parcours ici-bas : apprendre à aimer ainsi qu'au ciel on aime !

Apprendre à aimer notre Dieu, de toutes nos forces, de toute notre pensée, de tout notre cœur, de toute notre âme ! Mais aussi, apprendre à aimer notre prochain, notre frère en Christ comme notre frère en humanité, de ce même amour qui conduisit le Père à offrir le Fils pour notre salut, qui conduisit le Fils à offrir sa propre vie pour notre rachat.

7) La lentille de la charité

Dès lors, il nous est plus aisé de répondre à la question implicitement posée par le titre de notre série de réflexions :
« En quoi, la lentille de l'amour est-elle de nature à accroître et à parfaire notre vision spirituelle ? »

Comme nous l'avons précédemment souligné, l'agapè, souvent traduit par charité, nous est présenté par l'apôtre Pierre, dans un double mouvement :
Le premier situe l'agapè au sommet d'une échelle vertueuse dont le premier degré est celui de la foi. L'agapè nous apparaît donc, dans cette perspective, comme l'aboutissement d'un processus d'assimilation et de croissance spirituelle développant la vision spirituelle.

Le second nous présente l'agapè comme une vertu à part entière qui possède, intrinsèquement, ses propres qualités, ses propres ressources et ses propres potentialités.
Autrement dit, et de façon pratique, la charité se développe en chaque enfant de Dieu au fur et à mesure que croissent en lui, la foi, la vertu, la science, la tempérance, la patience, la piété et l'amour fraternel et, dans le même temps, ces vertus se développent à proportion de la croissance de l'amour divin demandé et reçu par grâce par chacun.

Ainsi, la charité est tout à la fois la source et l'aboutissement de la vie chrétienne.
Cela n'a rien d'étonnant si l'on se souvient que celui qui l'incarna, se présente lui-même comme l'alpha et l'oméga le commencement et la fin (Apocalypse 1 v 8 / 22 v 13).

La lentille de l'amour permet donc de regarder tous les hommes, quels qu'ils soient, avec bienveillance et compassion, sans discrimination.
C'est ce regard que porta Jésus sur ses contemporains !
Un regard lucide sur les travers de la nature humaine que traduisaient des comportements de méchanceté, de haine, de corruption, d'iniquité et d'impiété, autant de choses qui torturaient son âme sainte et pure, mais aussi, un regard lucide et clairvoyant sur les besoins de l'âme humaine et sur la tragique destinée qu'un tel état d'égarement rendait inéluctable.

Ce que Jésus savait, et que nous devons garder à l'esprit, c'est que l'homme en s'affranchissant de la tutelle de son Créateur, scellait lui-même son sort éternel, se privait de tout accès au royaume de la lumière et de l'amour divin, s'enfermant dans la prison étriquée d'un moi désormais livré à la souffrance de la désillusion, de la solitude et des ténèbres de l'erreur.

Or, une telle destinée n'eut été que justice si le Seigneur n'avait porté sur ses créatures un autre regard, tout aussi lucide, celui de son amour !
Jésus-Christ définit ainsi sa mission dans Matthieu 18 v 11 :
« Car, le Fils de l'homme est venu chercher et sauver ce qui était perdu »

C'est ce regard d'amour qui arracha des larmes à Jésus face à l'incrédulité des habitants de Jérusalem, la ville de la paix. Souvenons-nous de ce témoignage poignant que nous livre Luc ch 19 v 41 :
« Comme il approchait de Jérusalem, Jésus en la voyant, pleura sur elle et dit : Si toi aussi, au moins en ce jour qui t'est donné, tu connaissais les choses qui appartiennent à la paix ! »

C'est ce regard d'amour qui permit à Jésus d'affronter les affres de la crucifixion, car il savait que cet amour qui porte en soi le germe de la vie éternelle, était assez puissant pour faire fondre le cœur le plus endurci et pour éclairer l'intelligence la plus obscurcie.
C'est ce regard d'amour qui sut convaincre le brigand pendu au bois à ses côtés de sa nature divine,
le conduisant à demander à Jésus de ne pas l'oublier lorsqu'il entrerai dans son règne.
Ce à quoi Jésus répondit (Luc 23 v 43) :
« Je te le dis, en vérité, aujourd'hui, tu seras avec moi dans le paradis »

C'est cette lentille de la charité que le Seigneur veut que nous utilisions car elle permet d'accueillir notre prochain et de lui ouvrir, en même temps que nos bras et nos cœurs, le chemin de l'espoir, du pardon divin et d'une réhabilitation certaine.

Regarder notre prochain avec l'amour de Dieu, c'est aussi réveiller au fin fond de lui-même le sentiment enfoui des besoins réels de son âme en quête de ses origines. C'est ressusciter en lui le désir refoulé d'avoir accès à un amour vrai, pur et sans limite, dont il pressent qu'il est l'essence du vrai bonheur et de la vraie vie.

Regarder notre prochain avec amour, prévenance et tendresse, c'est enfin, en lui reconnaissant la dignité d'être aimé, ouvrir son cœur à une nouvelle réalité, celle de se sentir aimé de Dieu. C'est donc aussi, l'entraîner à notre suite sur le chemin de la foi.

8) Conclusion

Nous voici donc arrivés, cher lecteur, au terme de notre réflexion sur la charité, et au terme de nos méditations sur la vision spirituelle.
La première méditation avait pour objet de souligner l'importance d'avoir une intelligence renouvelée, pour accomplir le dessein de Dieu dans notre vie et savoir déjouer les pièges de l'Adversaire.
L'apôtre Pierre nous a donné les outils nécessaires pour atteindre cet objectif, en précisant bien que nous devons mobiliser toute notre énergie.
Nous avons bien compris tous les enjeux d'une telle démarche dont l'aboutissement se résume en un mot aux résonances et aux effets sans pareils ici-bas et jusque dans l'éternité : l'amour-agapè !

Que le Seigneur nous encourage à gravir les degrés de cette montagne sainte, en ayant toujours le regard fixé sur la croix dressée en son sommet, sur laquelle brillent les rayons de l'amour du divin crucifié. Et pour celui ou celle dont le cœur serait ému par la vision du Christ sur cette croix, n'hésitez pas, posez dès maintenant votre pied sur le palier de la foi. Vous découvrirez alors émerveillés, les beautés de la grâce et du pardon divins, et comme l'aveugle-né guéri par Jésus, vous pourrez vous écrier, débordant de joie et de reconnaissance :

« J'étais aveugle, et maintenant, je vois ! »

TABLE DES MATIERES

PARABOLE DES RACINES :......................................01

Chapitre I :   les racines : la foi et l'espérance :................ 06

    1) Introduction :
    2) Le rôle des racines dans le règne végétal :
    3) L'ancrage au sol :
    4) L'ancrage spirituel du chrétien :
       a) les racines :
       b) le sol :
       c) fondés et enracinés en Christ:
       d) fondés et enracinés dans l'amour :
    5) Conclusion :

Chapitre II :   les nutriments : le Saint-Esprit et l'amour :..... 20

    1) Introduction :
    2) Les racines, sources de nourriture
       et de croissance :
       a) la nature du sol :
       b) l'eau et les divers nutriments :
          leurs rôles et leurs effets :

    3) les racines : sources de nourriture pour la
       croissance du chrétien :
       a) examen du sol d'enracinement du chrétien :
       b) les nutriments spirituels: l'Esprit et l'amour
    4) Conclusion :

Chapitre III :   les facteurs de croissance :...........................**30**

       1) Introduction :
       2) La croissance spirituelle :
          a) l'infantilisme spirituel :
          b) danger de la surestimation de soi :
          c) le paradoxe de la croissance spirituelle :
          d) s'abaisser, c'est s'élever :
          e) un second paradoxe :
          f) les clés de la croissance :
       3) Conclusion :

Chapitre IV :   les conditions de la fructification :..............**44**

       1) Introduction :
       2) La fructification :
          a) un ordre du Seigneur :
          b) les fruits du chrétien :
          c) le fruit par excellence :
          d) savoir discerner le vrai du faux :
          e) s'examiner soi-même :
          f) les fruits de l'Esprit, témoins de notre
            enracinement :
       3) conclusion :

Chapitre V :   la communication et les échanges :.............**54**

       1) Introduction :
       2) la communication entre les arbres :
          a) la communication par contact direct :
            l'anastomose :
         b) communication indirecte par le mycélium:
     3) la communication entre chrétiens
          a) l'anastomose spirituelle : un partage d'amour:
          b) s'accueillir pour gloire de Dieu :
          c) aimer, un combat quotidien :
          d) le triangle sacré :
          e) s'accueillir :un puissant témoignage au monde :

        f) s'exhorter les uns les autres :
        g) veiller les uns sur les autres:
        h) porter les fardeaux les uns des autres :

VI) Conclusion :..65

LA VISION SPIRITUELLE :..67

Parabole de l'œil
Notes préliminaires

Chapitre I - Les défauts de la vision spirituelle :....................69

1)   Textes bibliques :
1)   Introduction :
2)   La vision de l'homme naturel :
3)   La vision de l'homme spirituel :
        a) le combat pour la vérité :
        b) l'amour, révélateur de la vérité :
        c) la vérité est une et indivisible :
4) Les défauts de la vision humaine :
        a) anatomie de l'œil :
        b) les défauts de l'œil :
           b1) les défauts de réfraction :
           b2) les défauts liés à l'âge :
5) Les défauts de la vision spirituelle :
6) Conclusion :

Chapitre II - Les lentilles correctrices : la foi et la vertu :......81

1) Textes bibliques :
2) Introduction :
3) Les chemins de l'intelligence éclairée :
      a) Dieu en action sur notre chemin :
      b) Le chrétien en action au côté de Dieu :
4) Les lentilles correctrices pour une vision nette :
      a) les objets de notre observation:
      b) **la lentille de la foi :**............................ .87
          b1) un contre-exemple de regard sur les frères :
          b2) voir ses frères avec le regard de la foi :
      c) **la lentille de la vertu :**...........................90
          c1) un exemple à ne pas suivre :
          c2) les vertus de la vertu :
5) Conclusion :

Chapitre III - Les lentilles correctrices : la science :............95

1) Textes bibliques :
2) Introduction :
3) **La lentille de la science :**...97
      a) connaître Jésus-Christ :
      b) Jésus-Christ révèle le Père :
      c) connaître Christ : la voie par excellence :
      d) connaître Christ : le summum de la science :
      e) la miséricorde au cœur de Dieu, Père, Fils et Saint-Esprit :

4) Conclusion :

Chapitre IV - Les lentilles correctrices : la tempérance :... 108

1) Texte biblique :
2) Introduction :
3) La lentille de la tempérance :..109
4) L'intempérance et ses méfaits :
5) 5) Jésus, exemple parfait de tempérance :
6) Examen de conscience :
7) Le temps du regard sur les autres :
8) Un combat pour la vérité :
9) Comment se forger une opinion :
10) Conclusion :

Chapitre V - Les lentilles correctrices : la patience :………...120

1) Texte biblique :
2) Introduction :
3) La lentille de la patience :..**122**
        a) exemples d'exercice de la patience :
        b) la patience, antidote surnaturel à
           l'impatience :
        c) la patience dans l'église :
        d) le Christ, exemple parfait de patience :
4) Conclusion :

Chapitre VI - Les lentilles correctrices : la piété :………....133

1) Texte biblique :
2) Introduction :
3) La nouvelle naissance : découverte d'un monde nouveau-né :
4) La vision chez le nouveau-né : processus de maturation :
5) Développement de la vision chez le nouveau-né spirituel :

6) La lentille de la piété :..137
7) Le mot piété : un petit mot d'une richesse infinie :
        a) la piété-eusébeia :
        b) Jésus-Christ : exemple parfait
           d'eusébeia :
        c) la piété-hosiotès :
        d) la piété-éléos :
         e) la piété-hésèd :

8) Conclusion :

Chapitre VII - Les lentilles correctrices : l'amour fraternel :...147

  1) Textes bibliques :
  2) Introduction :
  3) L'amour fraternel, pierre de touche du christianisme authentique :
        a) ne pas aimer, c'est haïr :
        b) incompatibilité entre lumière et
           ténèbres :
        c) un amour fraternel sans mélange :
        d) examen de conscience :
        e) faites tous vos efforts :
        f) l'amertume, par défaut d'amour :
        g) la lentille de la philaldelphia :......................156

  4) Conclusion :

Chapitre VIII - La lentille par excellence : la charité :... 160

1) Textes.bibliques
2) Introduction :
3) L'amour parfait incarné en Jésus-Christ :
4) L'amour parfait du Père :
5) Aimer : se sacrifier :
6) Pardonner : expression suprême de l'amour :
7) **la lentille de la charité :**................................**168**
8) Conclusion :

Oui, je veux morebooks!

I want morebooks!

Buy your books fast and straightforward online - at one of the world's fastest growing online book stores! Environmentally sound due to Print-on-Demand technologies.

Buy your books online at
www.get-morebooks.com

Achetez vos livres en ligne, vite et bien, sur l'une des librairies en ligne les plus performantes au monde!
En protégeant nos ressources et notre environnement grâce à l'impression à la demande.

La librairie en ligne pour acheter plus vite
www.morebooks.fr

OmniScriptum Marketing DEU GmbH
Heinrich-Böcking-Str. 6-8
D - 66121 Saarbrücken
Telefax: +49 681 93 81 567-9

info@omniscriptum.com
www.omniscriptum.com

www.ingramcontent.com/pod-product-compliance
Lightning Source LLC
Chambersburg PA
CBHW021843220426
43663CB00005B/376